AF451705

THÉORIE MUSICALE.

SOLFÉGE PROGRESSIF.

❧❀☙

Musique typographique

DE TANTENSTEIN ET CORDEL,

90, rue de la Harpe.

❧❀☙

IMPRIMERIE DE MOQUET ET COMP.,

90, rue de la Harpe.

Théorie Musicale.

SOLFÉGE PROGRESSIF,

RÉDIGÉ

D'APRÈS UN PLAN QUI RÉUNIT L'EXPOSÉ DES RÈGLES
A LEUR APPLICATION IMMÉDIATE.

CONTENANT

UNE SÉRIE D'EXERCICES A DEUX VOIX ÉGALES OU DISSEMBLABLES

LES PRINCIPES ÉLÉMENTAIRES DE L'ART DU CHANT

SUIVIS

DE TROIS VOCALISES CARACTÉRISTIQUES EN DUO,

AVEC ACCOMPAGNEMENT DE PIANO.

PAR

A. ELWART,

Ex - pensionnaire de France à Rome, Professeur au Conservatoire;
Auteur du PETIT MANUEL D'HARMONIE, etc.

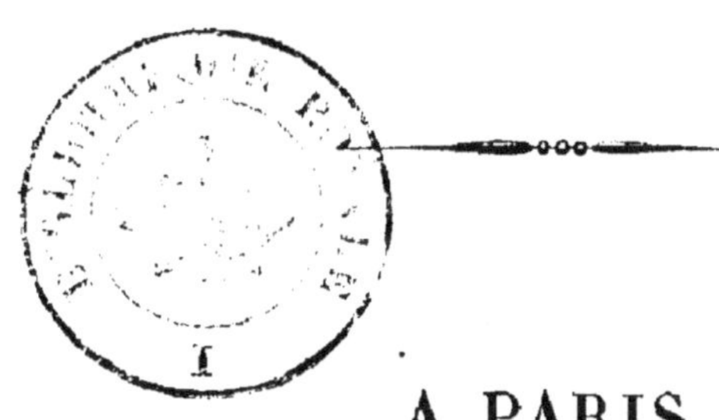

A PARIS,

CHEZ COLOMBIER, SUCCESSEUR DE A. PETIT,

Éditeur de Musique,

RUE VIVIENNE, N° 6, AU COIN DU PASSAGE VIVIENNE.

PRÉFACE.

Beaucoup de solféges ont été publiés en France depuis cinquante ans, et il est peu de professeurs de musique de quelque réputation qui n'ait rédigé le sien.

Parmi tous ces ouvrages, la plupart meilleurs d'intention que de fait, les Solféges d'Italie, du Conservatoire et de Rodolphe ont seuls obtenu la sanction de l'opinion publique; et telle est la force de l'habitude, que, malgré la publication postérieure d'ouvrages du même genre, rédigés dans un style plus logique et riche de mélodies, toutes modernes, ils sont encore les seuls que l'on mette entre les mains des commençants.

Mais en lisant, surtout, la partie explicative des trois ouvrages recommandables dûs à l'Italie, au Conservatoire ou à Rodolphe, on est étonné de la voir si courte dans l'un, tandis que dans l'autre elle est diffuse, prolixe, et que dans le troisième elle offre une espèce de catéchisme musical qui doit plutôt contribuer à faire d'adroits perroquets musiciens que des théoriciens aussi logiques raisonneurs qu'inébranlables praticiens.

Frappé de l'habitude presque constante avec laquelle tous ceux qui ont rédigé des solféges, ont pris le soin de séparer la partie didactique de la partie expérimentale, l'auteur de ce *Solfége progressif* a essayé de faire tout le contraire; et, ce qu'il avait déjà tenté pour le chant et l'harmonie dans la partie des *Études élémentaires*, dont il fut chargé à son retour de Rome, il l'a tenté de nouveau dans cette théorie musicale : c'est-à-dire qu'après chaque nouvelle exposition importante des principes, il a placé un exemple pratique.

Cette disposition, qui n'est encore assez nouvelle que dans une œuvre de théorie musicale, puisqu'elle existe dans tous les ouvrages d'éducation littéraire, évitera aux jeunes élèves, le travail inutile de se surcharger d'avance la mémoire d'une foule de principes dont l'application ne peut être faite qu'après un certain laps de temps.

Ayant aussi observé que beaucoup d'amateurs négligent de faire une étude approfondie du solfége, parce qu'ils sont privés ou d'une voix quelconque ou du sentiment de la justesse des sons, ce qui, bien souvent, est plutôt l'effet d'une mauvaise conformation de l'appareil vocal qu'un défaut de perception auriculaire, l'auteur donne le conseil, à ceux de ses lecteurs qui seraient dans l'un de ces cas exceptionnels, de *parler* les leçons qu'il leur offre en se contentant de le faire en mesure ; l'expérience d'un long enseignement lui ayant démontré toute l'efficacité de ce moyen si facile à mettre en pratique. Les jeunes sujets surtout, dont la poitrine est délicate, pourront aussi, grâce à cette méthode qui n'est nullement fatigante, commencer de bonne heure l'étude du solfége, si importante pour devenir plus tard un habile instrumentiste, dans le cas où ils seraient privés d'une voix juste, étendue et agréable.

L'auteur espère aussi que le format portatif de ce solfége et son prix peu élevé contribueront à répandre dans les mœurs le goût de l'art musical, tout en mettant à même les gens du monde qui l'ignorent encore de pouvoir en parler avec connaissance de cause ; il est persuadé que la clarté avec laquelle il a tâché d'exposer la théorie unie à la mélodie facile de ses exemples musicaux, sera aussi une des causes de la faveur avec laquelle les professeurs et les chefs d'institutions accueilleront cette utile publication.

Enfin, le but de l'auteur n'a pas été de donner aux jeunes élèves un solfége complet, mais plutôt une espèce d'introduction à tous les solféges et même aux méthodes de chant le plus en faveur ; et, pour remplir cette intention, il a terminé ce petit livre par trois vocalises à deux voix égales ou dissemblables avec accompagnement de piano. Ces vocalises, qui initieront les lecteurs aux trois styles religieux, dramatique et de salon, leur donneront aussi un avant-goût des compositions de ce genre si bien traité par Crescentini, Bordogni, De Ga-raudé, Rubini et Banderali, auteurs que, plus tard, ils seront appelés à méditer, alors que, débarrassés des langes de l'étude élémentaire de la musique, ils consacreront leurs loisirs à celle plus poétique de traités dûs à la plume mélodieuse de ces maîtres de l'art vocal moderne.

THÉORIE MUSICALE.

SOLFÉGE PROGRESSIF.

PREMIÈRE PARTIE.

NOTIONS GÉNÉRALES.

§ 1.

DÉFINITION DE LA MUSIQUE.

La musique est le produit de sons appréciables à l'oreille, soit que des voix humaines ou des instruments, construits à leur image, causent le bruit mélodieux ou musical.

Lorsque une seule voix ou un seul instrument fait une succession de sons, la musique est purement mélodieuse; mais si deux ou un plus grand nombre de voix ou d'instruments chantent ou exécutent simultanément, la musique est alors harmonieuse : ce qui pourtant ne l'empêche pas d'être mélodieuse en même temps, ainsi que l'on peut s'en convaincre lorsque l'on écoute, par exemple, un air accompagné soit par l'orchestre ou le piano-forté.

On a dit, écrit et répété que la musique était une *langue univer-selle*, parce que les peuples le plus opposés par leurs mœurs et surtout par leur langage national pouvaient exécuter avec précision et ensemble une composition écrite n'importe par quel musicien, italien, allemand, anglais ou français, et que cette même composition était naturellement accessible à toutes les intelligences. Matériellement, la musique, dont l'expression écrite est la même pour tous les peuples civilisés, possède l'admirable faculté de pouvoir être interprétée n'importe par quelle nation policée ; ce n'est donc pas de sa *notation* ou écriture dont nous voulons parler ici, mais bien plutôt de l'effet direct qu'elle est susceptible de produire sur l'ame de ceux qui l'écoutent. Car, ce serait rabaisser beaucoup un art que de lui donner ainsi la faculté d'être compris, et partant admiré de *tous*. La musique, plus que tous les autres arts peut-être, a besoin d'avoir pour auditeurs des intelligences exercées. Non que nous prétendions nier qu'une poésie *chantée* ne puisse produire de l'effet aux hommes les plus vulgaires ; mais alors la poésie elle-même, écrite dans la langue maternelle des auditeurs, est une des causes du succès, parce qu'elle sert de brillant programme à sa sœur, la mélodie.

La *Marseillaise*, toute belle qu'elle soit, musicalement parlant, ne serait pas venue jusqu'à nous, enfants de ce siècle, sans le secours de la poésie palpitante de Rouget-de-l'Isle.

Du reste, le peu de popularité dont jouissent la plupart des compositions instrumentales prouve toute la vérité de cette assertion : savoir : que la musique proprement musique, c'est-à-dire subsistant sans le secours des voix et de la poésie, ne produit qu'un vain bruit aux oreilles de la foule ignorante.

§ 2.

NOTATION MUSICALE ANCIENNE ET MODERNE ; GAMME, PORTÉE, CLEFS, FIGURES DE NOTES.

Comme tous les arts, la musique a des moyens matériels d'expression, c'est-à-dire qu'on a dû avoir recours à certains signes graphiques pour perpétuer, par l'écriture, toute espèce de chant et d'harmonie. Avant Guy d'Arezzo, vers 960, on se servait, pour noter l'antique psalmodie, des six lettres suivantes représentant la majeure partie des sons musicaux connus généralement sous le nom de *gamme :*

C, D, E, F, G, A.

plus tard, on ajouta la lettre B ou H aux six lettres précédentes , lorsque la gamme fut augmentée d'une septième note , qui pourtant existait, mais prenait le même nom de lettre que celui de la première (le C). Ces sept lettres représentaient nos sept notes, connues de tous, sous les noms de :

UT (ou *do*), RÉ, MI, FA, SOL, LA, SI[1].
C   D   E   F   G   A   B ou H

Pour donner l'étymologie du mot gamme, nous devons dire à ceux de nos lecteurs qui , comme l'Henriette des *Femmes savantes*, ne savent pas le grec, que, dans cette langue, la lettre C se nomme *gamma* (γαμμα). Or, comme la première des *lettres-notes* était un C ou gamma, on donna à toute la réunion des lettres musicales le nom générique de *gamme*.

Déjà, avant Guy d'Arezzo, on avait essayé de remplacer par de petits-points noirs les notes-lettres; mais afin de donner à ces points un nom et une signification sonore différente, on imagina: 1° les lignes horizontales, telles que celles dont nous nous servons encore aujourd'hui, mais employées en plus grand nombre ; et 2° pour lier l'ancien système avec le nouveau que l'on allait proclamer, on conserva de toutes les lettres musicales les trois lettres : G,   C, et F. Une seule

(sol)   (ut)   (fa)

d'entre elles trois , placée au commencement de la première réunion de lignes que nous appelons *portée* (ou réunion), servit à donner le nom aux petits points ou notes.

La forme actuelle de ces trois signes, nommés *clefs* par les modernes avec tant de justesse, rappelle avec assez de fidélité celle des lettres gothiques primitives.

Exemple : 𝕲,   𝕮,   𝕱.

clef de *sol* 𝄞, clef d'*ut* 𝄡, clef de *fa* 𝄢.

Si la clef d'*ut* n'offre réellement aucune ressemblance avec le C gothique, on remarquera que les anciens employaient souvent à sa place

---

(1) Afin de donner un sens complet à la gamme , on ajoute le premier son après le septième, c'est ce qui forme l'*octave*.

la lettre *K* (*Karolus* pour *Carolus*). Or, la clef d'*ut* actuelle ressemblant beaucoup au **K** gothique, notre observation sur la forme des lettres-notes et des signes-clefs subsiste dans toute sa force.

Guy d'Arezzo fixa le nombre des lignes à quatre; et la portée musicale, ainsi limitée par ce savant et ingénieux artiste, nous a été conservée dans le plain-chant ou chant ecclésiastique; et, comme de son temps on ne mettait en musique que la poésie latine et sacrée, les syllabes longues et brèves du texte saint lui suggérèrent l'idée d'imiter la plus ou moins longue durée de ces mêmes syllabes par des figures de notes d'une forme différente.

Ainsi furent créées la *maxime*, la *longue*, la *brève* et la *semi-brève*.

Plusieurs siècles après cet homme de génie, on découvrit que la musique était un tout complexe, c'est-à-dire moitié *art*, moitié *science;* et l'on soumit la mélodie qu'elle enfantait au joug de la *mesure*.

La langue romane ou vulgaire, qui avait plutôt des accents différents qu'une véritable prosodie, contribua puissamment à la création de la mesure musicale, ou division d'un mouvement donné en temps parfaitement égaux.

Ainsi, la notation musicale, telle que nous la connaissons et l'employons encore au dix-neuvième siècle, a subi deux transformations complètes avant d'être irrévocablement arrêtée.

D'abord, elle s'est formulée par des lettres, puis par des points placés sur des lignes horizontales, ce qui obligeait à les employer en trop grand nombre; enfin, trois lettres ont seules été conservées pour être placées l'une ou l'autre au commencement de la portée musicale réduite à quatre lignes, afin de donner un nom précis à chaque différent point-note, représenté plus tard par des figures portant en elle-même la signification de leur durée; et, de plus, la notation s'est faite aussi bien sur les quatre lignes que dans les trois interlignes ou espaces de séparation.

De nos jours, la musique s'écrit sur cinq lignes et leurs quatre interlignes. L'étendue de certaines voix et instruments oblige même à ajouter de petites lignes supplémentaires graves et aiguës.

Nos sept notes, indiquées plus haut, peuvent avoir aussi sept figures différentes.

Exemple d'une portée musicale :

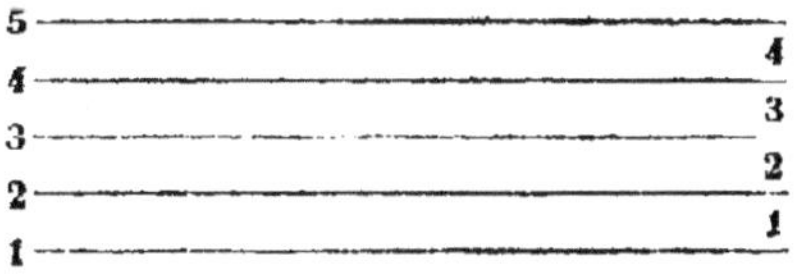

5   4
4   3
3   2
2   1
1

NOTA. L'ordre numérique des cinq lignes et de leurs quatre interlignes commence par en bas.)

Figures des *trois* clefs.

Clef de *sol;*

Clef d'*ut;*

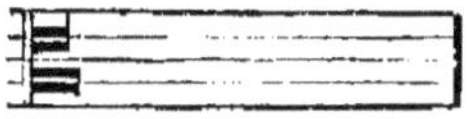

Clef de *fa;*

La clef de *sol* se pose sur la première et sur la seconde ligne. (Cette dernière position est la seule ostensiblement usitée) [1].

La clef d'*ut* se pose sur la première, la seconde, la troisième et la quatrième ligne. (Elle n'est plus usitée ostensiblement sur la seconde ligne.)

Enfin la clef de *fa* se pose sur la troisième et la quatrième ligne. (Cette dernière position est la seule usitée ostensiblement.)

Voici comment les clefs donnent le nom aux notes.

Prenant pour exemple de cette démonstration la clef de *sol* seconde ligne, nous remarquerons que la boucle de cette clef est traversée par la seconde ligne de la portée, ce qui signifie que *toute note* placée sur cette même seconde ligne s'appellera *sol.* Or, en continuant l'ordre ascendant et naturel de la gamme d'*ut* à partir du *sol*, on trouve, sur le premier interligne, le *la*, sur la troisième ligne, le *si*, etc. Le même procédé a lieu en sens inverse, si l'on veut descendre la gamme

---

(1) On verra, à la section qui traite de la *transposition*, que plusieurs positions de clefs, quoique inusitées dans la pratique, sont obligatoires dans certains cas.

à partir du même point de départ. A l'égard des deux autres clefs, il suffit de se rappeler que la ligne doit traverser, soit les deux articles de la clef d'*ut*, soit enfin les deux points de la clef de *fa*.

Exemples dans lesquels les sept notes sont écrites dans toutes les clefs, et à leurs différentes positions, mais sans dépasser la portée.

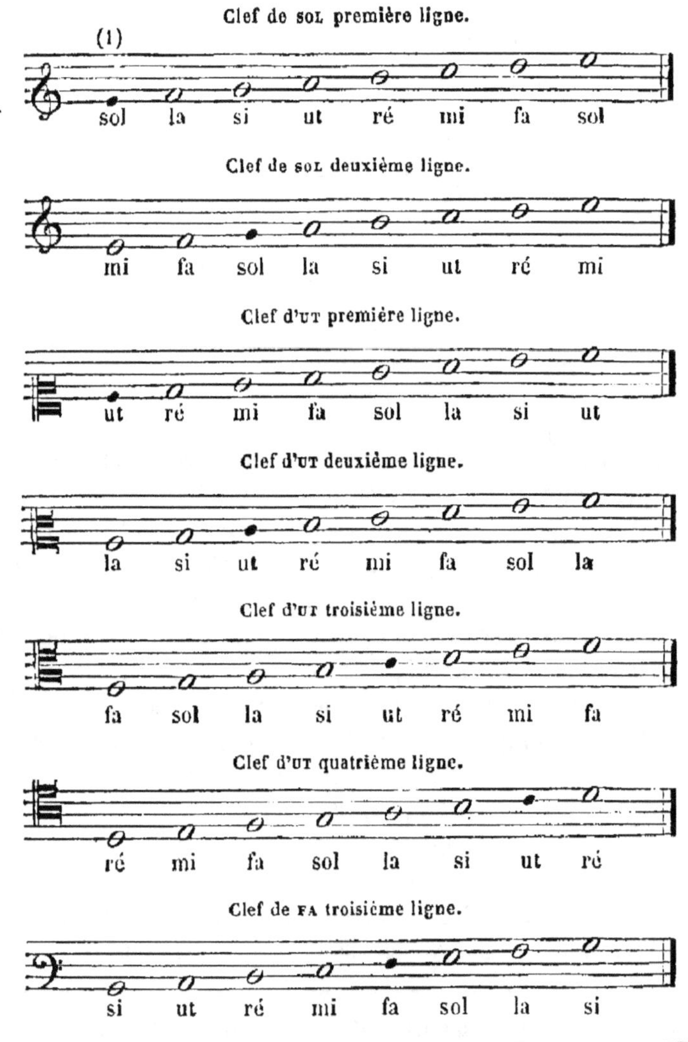

(1) La note noire indique la ligne sur laquelle la clef est posée.

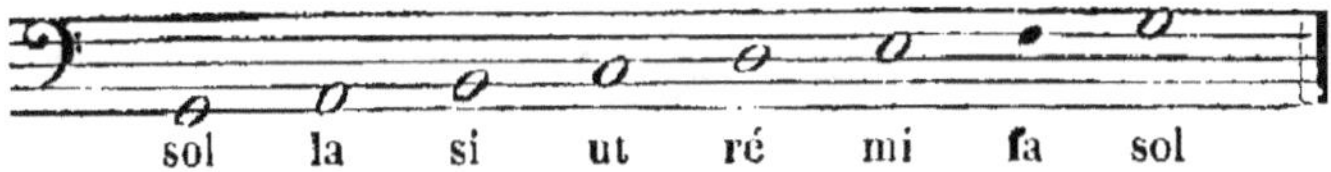

Cette clef est identique, quant au nom qu'elle donne aux notes, à celle de *sol*, première ligne; elle n'en diffère que sous le rapport de la gravité des sons.

Afin de pouvoir écrire la gamme *d'ut*, gamme-type de toutes les autres, dans plusieurs clefs, telles que celles de *sol* première et deuxième ligne; *d'ut* deuxième, troisième, et quatrième ligne; et de *fa* 3me et 4me lignes, on est obligé d'employer passagèrement, les petites lignes supplémentaires dont nous avons déjà parlé, page 4.

Exemple d'une gamme *d'ut* écrite sur toutes les clefs, avec les lignes supplémentaires ajoutées à la portée, suivant le cas nécessaire.

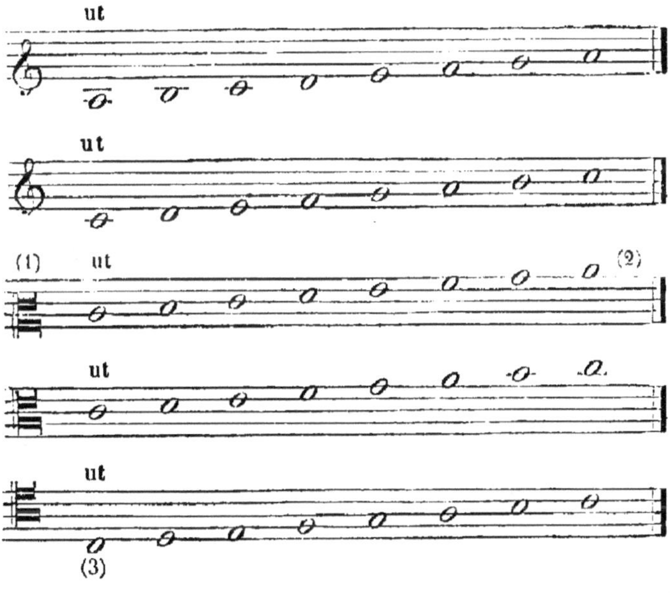

<hr>

(1) La clef d'UT première ligne n'est pas reproduite ici, parce que dans la gamme d'UT elle n'emploie pas de lignes supplémentaires.

(2) On peut ajouter une note au-dessus de la portée, et sans la traverser d'une ligne supplémentaire : il suffit qu'elle touche à la cinquième ligne.

(3) Une note peut être également placée au-dessous de la portée sans

Voici un exemple des sept figures de notes dont il a été parlé précédemment :

1° La ronde. . . . . 𝅝

2° La blanche . . . . 𝅗𝅥

3° La noire . . . . . . ، . . . . 𝅘𝅥

4° La croche . . . . 𝅘𝅥𝅮

5° La double-croche . . . . . . 𝅘𝅥𝅯

6° La triple-croche. . . . . . 𝅘𝅥𝅰

7° La quadruple-croche . . . . 𝅘𝅥𝅱

La ronde, étant la figure de note principale et d'où découlent toutes les autres, a la valeur de durée la plus longue : c'est-à-dire que, pendant son exécution, on peut faire entendre soit deux blanches, quatre noires, huit croches, seize doubles-croches, trente-deux triples-croches, et, enfin, soixante-quatre quadruples-croches. Exemple :

que l'on soit obligé de la traverser par une ligne supplémentaire : il suffit qu'elle adhère à la première ligne.

(1) Lorsque plusieurs croches, doubles, triples ou quadruples-croches se succèdent, on peut remplacer les crochets (𝒱) par une barre simple, double, triple ou quadruple.

Or, puisque la ronde, principe de la subdivision des sept figures de notes, a une valeur intrinsèque si grande, il suit naturellement que :

La blanche (moitié de l'unité) . . . .

a une valeur de deux noires . . . .

La noire . . . .

a une valeur de deux croches . . . .

La croche . . . .

a une valeur de deux doubles-croches . . . . .

La double-croche . . . .

a une valeur de deux triples-croches . . . . . .

La triple-croche . . . .

a une valeur de deux quadruples-croches . . . . .

En résumant l'exemple précédent, on remarquera qu'une figure de note quelconque vaut deux fois celle qui la suit dans l'ordre progressif établi par la nomenclature donnée page 8.

§ 3.

DU POINT APRÈS LES NOTES.

En plaçant un point (•) après une note quelconque, on augmente cette note de la moitié de sa valeur ou durée. Ainsi :

Une ronde	pointée vaut	3 blanches;
Une blanche	—	—	3 noires;
Une noire	—	—	3 croches;
Une croche	—	—	3 doubles-croches;
Une double-croche	—	—	3 triples-croches;
Une triple-croche	—	—	3 quadruples-croches.

§ 4.

DES SILENCES.

On a dû observer, en écoutant chanter ou exécuter un morceau de musique par plusieurs voix ou instruments, que certaines parties s'arrêtaient par intervalle, tandis que les autres continuaient. Ces petits ou longs repos, qui prennent le nom de *silences*, sont au nombre de *sept*, comme les figures des notes qu'ils remplacent au besoin sous le rapport de la *durée de temps* affectée à chacune d'elles.

Voici un tableau comparatif des silences, avec les valeurs des notes correspondantes.

La pause vaut une ronde.

La demi-pause vaut une blanche.

Le soupir vaut une noire.

Le demi-soupir vaut une croche.

Le quart de soupir vaut une double-croche.

Le demi-quart de soupir vaut une triple-croche.

Le seizième de soupir vaut une quadruple-croche.

On observera que le soupir a son plein tourné vers la droite, tandis que ses subdivisions ont les leurs tournés du côté opposé ; de plus, la valeur de la ronde a été complétée après chaque figure de silence.

---

(1) Observez que la pause se place au-dessous de la quatrième ligne, tandis que la demi-pause se place au-dessus de la troisième ligne.

§ 5.

DES MESURES.

Il y a trois mesures - types ou trois divisions principales que l'on peut faire subir aux notes.

La première, dont la plus grande circonférence comprend une ronde, est celle à *quatre* temps. Elle se figure par le chiffre **4** ou par un grand **C**; cette dernière forme est la plus usitée.

Voici de quelle manière on bat la mesure à quatre temps :

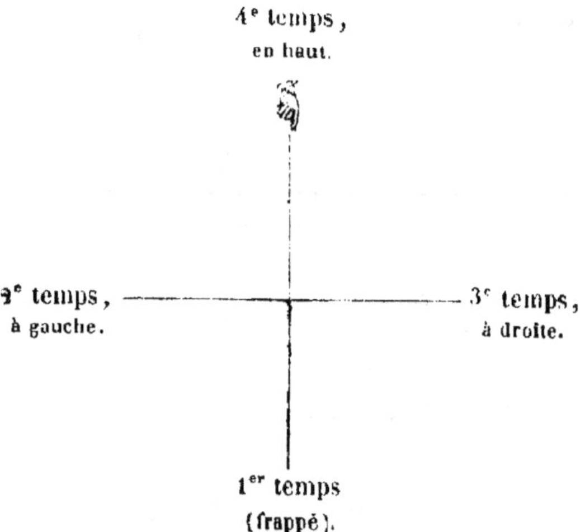

La figure précédente indique assez qu'il faut décrire une croix dans l'espace pour *battre* cette mesure. Le premier temps se frappe dans la main gauche, ou sur tout autre point résistant ; et les trois autres s'indiquent seulement en allant de gauche à droite pour terminer en haut.

La seconde mesure est celle à *trois* temps. Elle se figure par le chiffre **3**, ou ceux de 3 et 4 réunis. Exemple : $\frac{3}{4}$.

Cette mesure comprend, dans sa plus grande circonférence, une blanche pointée.

On la bat ainsi :

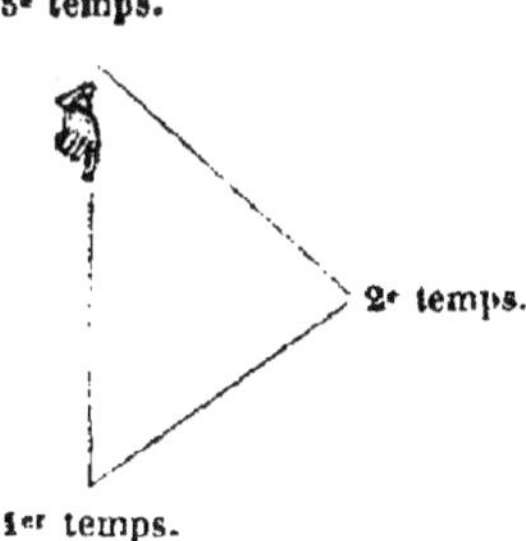

La troisième mesure est celle à *deux* temps. Elle se figure par un **2**, ou, le plus ordinairement, par un grand C barré. Exemple:**₵**.

On la bat ainsi :

A la rigueur, une blanche devrait seule remplir toute la durée de cette mesure; mais l'usage y a introduit l'emploi de la ronde : dans ce cas, on ne divise pas cette figure de note par plus de seize doubles-croches, parce que trente-deux triples, et surtout soixante-quatre quadruples-croches ne pourraient être exécutées dans le court espace de deux temps.

Voici une suite d'exercices sur chacune des trois mesures-types. Les divisions de la ronde, de la blanche pointée et de la ronde (battue à deux temps) y sont présentées graduellement, et chaque temps est indiqué par le chiffre qui lui est propre.

Nous conseillons à nos lecteurs d'étudier très lentement ces diffé-rents exercices, et de *nommer* seulement les notes au lieu de les chan-ter. Ce procédé, en leur donnant l'habitude de battre également la mesure, leur sera extrêmement utile parce que, débarrassés du soin de chanter ou de s'occuper de la justesse de l'intonation, ils pourront donner toute leur attention à la régularité divisionnaire des temps de chaque mesure. Plus loin, nous parlerons des *mesures composées*, ou de celles qui dérivent des trois mesures-types dont nous allons continuer à présenter des exemples pratiques.

EXEMPLE 1.— Mesure à quatre temps.

EXEMPLE 2. — Mesure à trois temps.

(1) La division complète de chaque mesure, en musique écrite, se figure par un trait vertical qui prend le nom de *barre de mesure*. Cette barre est reproduite sur la portée chaque fois que la mesure est totalement remplie.

EXEMPLE 3. — Mesure à deux temps.

§ 6.

DE L'INTONATION.

L'intonation est l'art de chanter avec justesse les notes écrites.

Avant de savoir quel ton on devra prendre pour solfier (c'est-à-dire chanter en nommant les notes) les exercices vocaux qui vont être bientôt donnés, il faut se rendre compte de l'espèce de voix que l'on possède.

Les voix humaines sont de trois espèces principales :

SOPRANE, voix d'enfants et de femmes.

TÉNOR, voix d'adolescents et d'hommes faits.

BASSE, voix d'hommes.

Dans les exercices suivants, les sopranes prendront le ton *ut* figuré

ainsi : [notation] sur la dix-neuvième touche d'un piano [1].

---

(1) La première touche du piano est celle qui commence le clavier en partant du côté gauche de l'instrumentiste.

Les ténors et les basses prendront ce même *ut*  sur la douzième touche du même instrument.

Voici une suite d'exercices vocaux écrits sur clef de *sol* seconde ligne, mais pouvant et devant même être chantés par l'une ou l'autre des trois voix principales, et offrant les divisions les plus usitées des trois mesures-types [1].

Mesure à quatre temps [2].

N° 1.

(1) La division de la RONDE remplissant les mesures à quatre et à deux temps, et celle de la BLANCHE POINTÉE remplissant la mesure à trois temps, n'a été faite que jusqu'aux doubles-croches, parce que les élèves ne sont pas assez avancés dans l'art vocal pour pouvoir articuler une longue suite de triples et de quadruples-croches.

(2) On étudiera ces exercices et les suivants avec beaucoup de lenteur ; et même il ne sera pas inutile de se donner le ton de chaque note, avec un piano, pendant les premiers jours seulement.

N° 2.
1 2 3 4   1 2 3 4   1 2 3 4
Seconde note de la gamme.   ré   mi   ré
1 2 3 4   1 2 3 4   1 2 3 4
1 2 3 4   1 2 3 4   1 2 3 4
1 2 3 4   1 2 3 4   1 2 3 4
1 2 3 4   1 2 3 4   1 2 3 4
N° 3.
1 2 3 4   1 2 3 4   1 2 3 4
Troisième note de la gamme.   mi   fa   mi
1 2 3 4   1 2 3 4   1 2 3 4
1 2 3 4   1 2 3 4   1 2 3 4
1 2 3 4   1 2 3 4   1 2 3 4
1 2 3 4   1 2 3 4   1 2 3 4
N° 4.
1 2 3 4   1 2 3 4   1 2 3 4
Quatrième note de la gamme.   fa   sol   fa

No 5.
Cinquième note de la gamme.
SOl
la
sol
No 6.
Sixième note de la gamme.
la
si
la

1 2 3 4 1 2 3 4 1 2 3 4
1 2 3 4 1 2 3 4 1 2 3 4
1 2 3 4 1 2 3 4 1 2 3 4
N° 7.
1 2 3 4 1 2 3 4 1 2 3 4
Septième note de la gamme. si ut si
1 2 3 4 1 2 3 4 1 2 3 4
1 2 3 4 1 2 3 4 1 2 3 4
1 2 3 4 1 2 3 4 1 2 3 4
1 2 3 4 1 2 3 4 1 2 3 4
N° 8.
1 2 3 4 1 2 3 4 1 2 3 4
Octave du premier son de la gamme. ut ré ut
1 2 3 4 1 2 3 4 1 2 3 4
1 2 3 4 1 2 3 4 1 2 3 4

Mesure à trois temps

(Mêmes exercices).

N° 1.

N° 2.

N° 3.

N° 4.

N° 5.

N° 6.
N° 7.
N° 8.

La subdivision des notes étant la même pour la mesure à deux temps que pour celle à quatre temps, on reprendra les exercices de cette dernière mesure.

Résumé de la gamme ascendante à quatre temps.

Résumé de la gamme ascendante à trois temps.

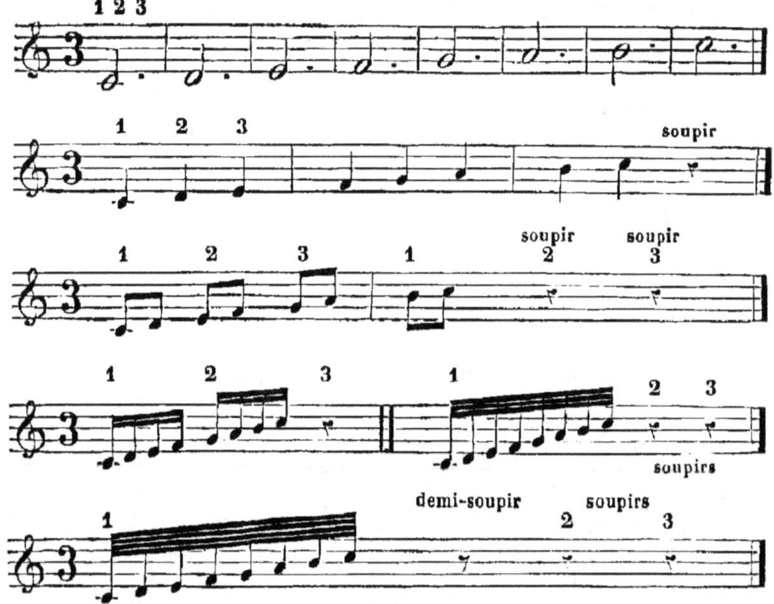

NOTA. Pour s'exercer sur le résumé à deux temps, on reprendra celui de la mesure à quatre temps, ainsi que cela a été déjà indiqué au sujet des grands exercices sur chaque note de la gamme (page 23).

Maintenant que les élèves sont familiarisés avec la gamme ascendante *ut, ré, mi, fa, sol, la, si, ut,* il devient nécessaire qu'ils s'exercent à chanter, d'abord par fraction, la même gamme descendante.

Voici, en résumé, les exemples déjà présentés, mais offrant la gamme dans l'ordre contraire à celui établi page 16; c'est-à-dire que les notes de la gamme descendent, tandis que, précédemment, elles montaient.

Mesure à quatre temps.

RONDES.

BLANCHES.

NOIRES.

CROCHES.

DOUBLES-CROCHES.

Récapitulation des cinq premières valeurs de notes.

Mesure à trois temps.

BLANCHES POINTÉES.

NOIRES.

CROCHES.

DOUBLES-CROCHES.

Récapitulation des quatre premières valeurs de notes, pour terminer.

On reprendra les exercices à quatre temps (page 24), et on les battra à deux temps, afin d'étudier, en cette dernière mesure, la gamme descendante.

Résumé de la gamme descendante à quatre temps.

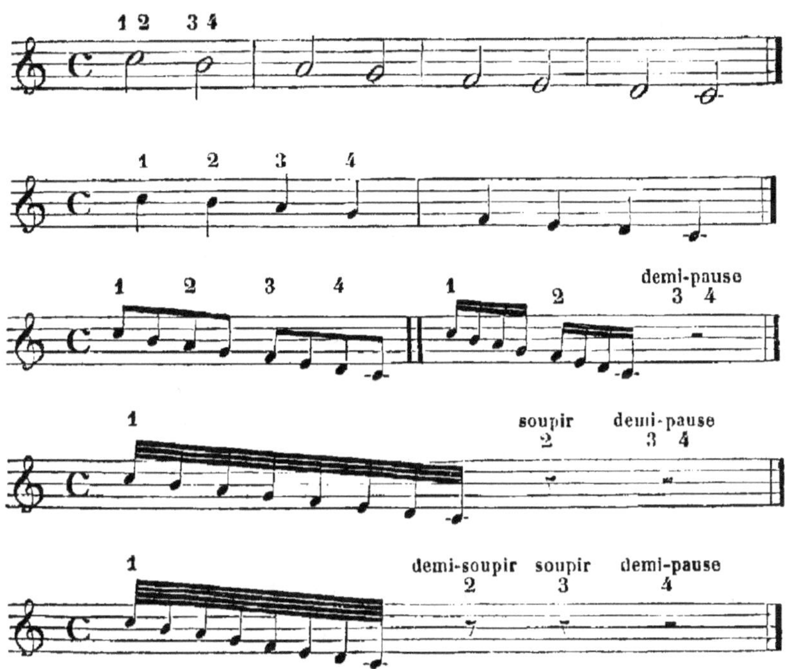

Résumé de la gamme descendante à trois temps.

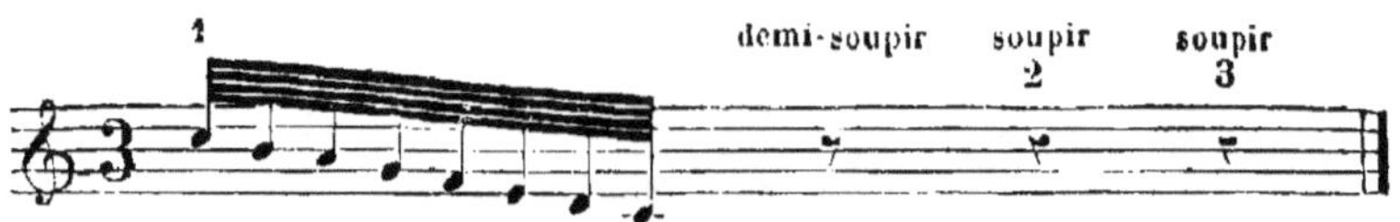

Le résumé de la mesure à deux temps s'étudiera sur celui de la mesure à quatre temps.

§ 7.

DES INTERVALLES SIMPLES RENFERMÉS DANS UNE GAMME, ET DES INTERVALLES COMPOSÉS ET RENVERSÉS.

Les sept notes qui forment la gamme, et auxquelles on ajoute la répétition à l'octave du premier son, prennent génériquement le nom de *degrés;* mais, lorsque l'on veut les distinguer les unes des autres, on leur donne le nom d'*intervalles*, en ajoutant l'adjectif numérique qui indique alors la place que chacun d'eux occupe dans la gamme à laquelle ils appartiennent tous.

Il y a deux espèces d'intervalles, le mélodique et l'harmonique.

L'intervalle *mélodique* est celui qui se produit en chantant ou en exécutant de suite plusieurs sons différents d'intonation. L'intervalle *harmonique* s'obtient en faisant entendre simultanément deux ou plusieurs sons différents. Ainsi, un air chanté par une seule voix privée de toute espèce d'accompagnement forme une suite d'intervalles *mélodiques*, tandis que le même air, accompagné d'une ou plusieurs autres voix ou parties, présente l'assemblage d'intervalles *harmoniques* et *mélodiques* tout à la fois.

C'est toujours le premier son, ou le plus grave de la gamme, qui détermine la position et le nom de tous les intervalles qui concourent à former cette gamme elle-même.

Voici un tableau où tous les intervalles mélodiques sont indiqués par le nom qui est propre à chacun d'eux.

Exemple du premier degré ou premier intervalle de la gamme d'*ut*, auquel on donne génériquement le nom de TONIQUE, parce que les autres intervalles qui le suivent naturellement contribuent à former cette gamme tout entière :

Exemple du deuxième degré, ou intervalle de SECONDE:

Exemple du troisième degré, ou intervalle de TIERCE, ou médiante:

Exemple du quatrième degré, ou intervalle de QUARTE, ou sous-dominante:

Exemple du cinquième degré, ou intervalle de QUINTE, ou dominante:

Exemple du sixième degré, ou intervalle de SIXTE:

Exemple du septième degré, ou intervalle de SEPTIÈME, ou note sensible:

Exemple du huitième degré, ou intervalle d'OCTAVE:

NOTA. Le premier son d'une gamme, ou son octave, portent l'un et l'autre le nom de TONIQUE.

Si l'on dépasse le degré d'octave supérieure, les intervalles prennent alors le nom d'intervalles *composés*, et il faut ajouter mentalement le nombre *sept* à leur qualité numérique primitive pour trouver leur véritable nom dans la position composée que l'on veut assigner à chacun d'eux.

Ainsi, la seconde devient *neuvième* (deux et sept ajouté mentalement produisant le nombre *neuf*), la tierce devient *dixième*, la quarte devient *onzième*, et la quinte devient *douzième*. Passé cet intervalle, on conserve aux notes, répétées à une octave supérieure, leur nom primitif d'intervalle simple: de sorte que la sixte, la septième et l'octave redoublées restent sixte, septième et octave, quoique chantées ou exécutées une ou deux octaves plus haut.

Voici un tableau dans lequel les intervalles simples harmoniques sont indiqués. La tonique *ut* a été prise, dans ce tableau comme dans le précédent, pour point de comparaison ou de départ.

Si l'on répète la tonique (ou tout autre degré), et que deux voix ou deux instruments l'exécutent, cette répétition simultanée produit :

L'UNISSON : 

NOTA. Lorsque deux femmes ou deux enfants chantent le même air, ils le vocalisent à l'*unisson*.

Intervalle harmonique de SECONDE :

—   —   de TIERCE :

—   —   de QUARTE :

—   —   de QUINTE :

—   —   de SIXTE :

—   —   de SEPTIÈME :

—   —   d'OCTAVE :

Nota. Lorsque des hommes chantent le même air avec des femmes ou des enfants, ils le vocalisent à l'octave inférieure.

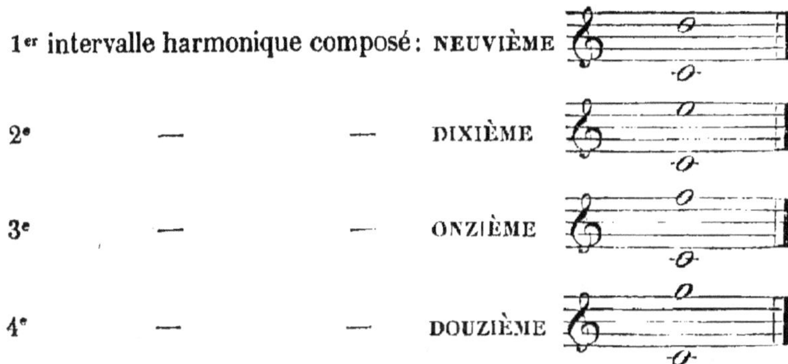

Voici une suite d'exercices vocaux sur tous les intervalles simples mélodiques ; mais, afin d'en faciliter l'étude, les notes *intermédiaires* entre chacun des intervalles sont figurées par des noires, tandis que les intervalles à étudier sont indiqués en notes d'une plus grande valeur.

Lorsque l'on sera parvenu à solfier avec mesure et justesse les petits exercices qui précèdent, on passera à l'étude de ceux qui suivent; ils habitueront en peu de temps à prendre avec facilité les intervalles simples, sans le secours des notes *intermédiaires* qui les séparent.

Si l'on renverse d'une octave inférieure les intervalles supérieurs à la tonique (le premier son),

L'UNISSON devient OCTAVE :

---

(1) L'unisson et la seconde n'étant pas naturellement séparés par des notes intermédiaires, leur reproduction n'a pas été jugée utile dans ces exercices, espèce de résumé des précédents exemples :

La **SECONDE** devient **SEPTIÈME** :

La **TIERCE** devient **SIXTE** :

La **QUARTE** devient **QUINTE** :

La **QUINTE** devient **QUARTE** :

La **SIXTE** devient **TIERCE** :

La **SEPTIÈME** devient **SECONDE** :

L'**OCTAVE** devient **UNISSON** :

Nous terminerons cette section par une suite de petits exercices dans lesquels les intervalles simples et renversés sont employés dans un ordre progressif.

UNISSONS. Gamme ascendante.

Gamme descendante.

SECONDES. Gamme ascendante.

Gamme descendante.

TIERCES. Gamme ascendante.

Gamme descendante.

QUARTES. Gamme ascendante.

Gammes descendantes.

QUINTES. Gamme ascendante.

Gamme descendante.

SIXTES. Gamme ascendante.

Gamme descendante.

SEPTIÈMES ascendantes.

Descendantes.

OCTAVES ascendantes.

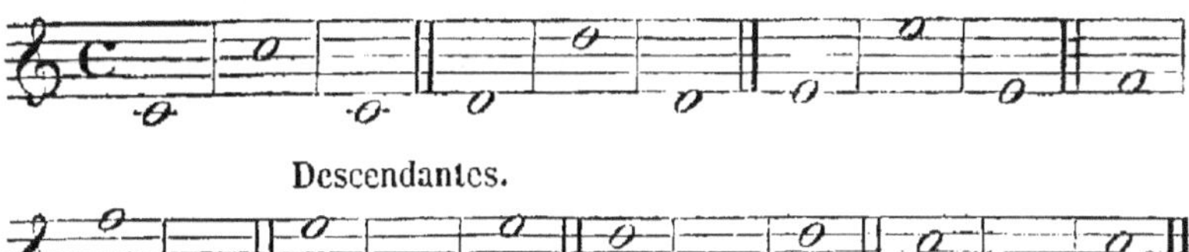

Descendantes.

On fera un petit repos après chaque deux barres de séparation de la mesure, afin d'avoir le temps de trouver l'intonation, assez difficile, des deux derniers exemples sur les intervalles de septième et d'octave.

§ 8.

DE L'USAGE DES SILENCES ET DU POINT, SUIVI D'EXERCICES POUR PARVENIR A SAVOIR LES OBSERVER FACILEMENT.

Le besoin de produire des contrastes, lorsque la musique est écrite pour plusieurs voix ou instruments, et celui plus important de donner le temps aux chanteurs de respirer, a fait imaginer les *figures de silence,* dont nous avons déjà parlé assez longuement dans la section 4, en les comparant avec les sept valeurs de notes dont ils tiennent les lieu et place.

Voici sept exercices vocaux dans lesquels chacun des sept silences est employé après la valeur particulière de note qu'il représente. Nous avons aussi mis en œuvre le *point,* qui, placé après une note, *l'augmente de la moitié* de sa valeur, ainsi que cela a été déjà enseigné, page 10.

N° 1. Exercice sur la pause.

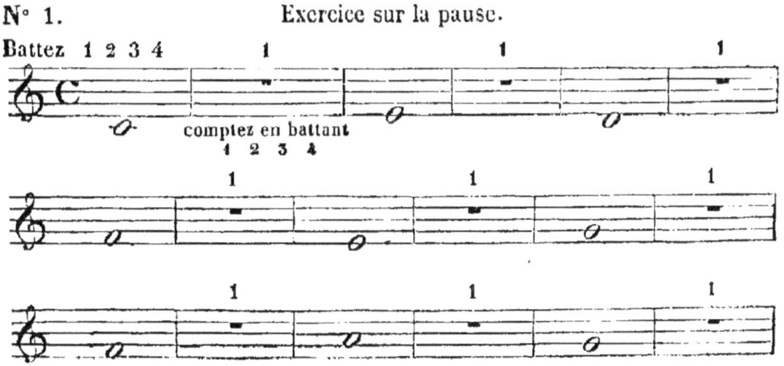

1
1
1
N° 2.
Exercice sur la demi-pause.
Battez   1 2
Battez et comptez
1 2
N° 3.
Exercice sur le soupir.
1   2   3   4
N° 4.
Exercice sur le demi-soupir.
1   2   3   4
N° 5.
Exercice sur le quart de soupir.
1   2   3

N° 6. Exercice sur le demi-quart de soupir, employé après le
quart de soupir.

N° 7. Exercice sur le seizième de soupir, employé après les quart
et demi-quart de soupir.

Résumé des exercices précédents, dans lequel un, deux, trois et quatre
points ont été employés [1].

(1) On a la faculté d'employer, outre le point simple, deux, trois et même
quatre points. Dans ces différents cas, le dernier point posé ne vaut jamais
que la moitié de celui qui le précède. Il est presque inutile de faire observer
que le point simple, ainsi que ceux qui le suivent, ont leur valeur de durée
relative à celle de la note après laquelle le premier de tous est posé.

Dans l'ancienne musique, le *point* placé au commencement de la mesure, où il occupe la même position que la note qui le précède, vaut quelque fois la moitié de la note finale ou son quart seulement. En pareil cas, pour juger quelle valeur le point doit avoir, il faut considérer par quelles figures de notes la mesure, ainsi *pointée* dès son début, est remplie pour être complétée.

Exemples dans lesquels le point, commençant la mesure, a différentes valeurs de durée.

A. — Le point valant une blanche.

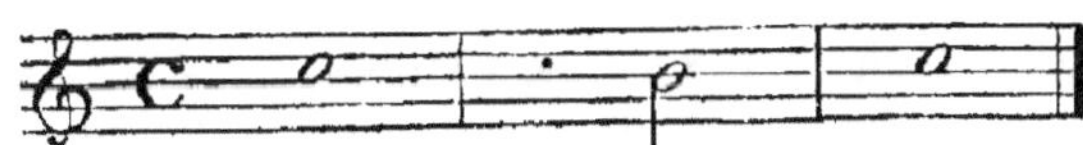

B. — Le point valant une noire.

C. — Le point valant une croche.

D. — Le point valant une double-croche.

Observons que, le plus souvent, on a le soin de ne faire précéder le point, lorsqu'il a une petite valeur, que par une note d'une valeur double à la sienne propre, et que les modernes ont remplacé ce point de début par la note dont autrefois il tenait la place; alors, et pour ne pas faire répéter cette même note déjà entendue dans la mesure qui précède, on la lie à celle qui suit par ce trait ⁓ appelé une *liaison*.

Exemples dans lesquels les points des lettres **A, B, C et D**, sont remplacés par les notes qu'ils représentaient; ces notes étant liées au moyen du trait dont on vient d'indiquer l'emploi.

Le même signe ⌢ placé sur plusieurs notes dissemblables prend le nom de *coulé*. Il indique alors au chanteur ou à l'instrumentiste qu'il ne doit pas *heurter* les notes affectées par lui, mais, au contraire, les couler avec douceur en les liant les unes aux autres.

Exemple de l'emploi du *coulé* :

§ 9.

DES TONS ET DEMI-TONS ; DES MODES MAJEUR ET MINEUR, ET DES DIÈSE, BÉMOL ET BÉCARRE.

Chaque degré de la gamme forme ce que l'on appelle un *ton* absolu, ou un son appréciable à l'oreille, non comme un bruit inerte, mais comme une *voix* vibrante et musicale.

D'après cette définition, on comprendra facilement que l'on peut commencer la gamme par un tout autre ton que celui d'*ut*, qui, jusqu'à présent, a servi à nos différentes démonstrations ou leçons musicales. Ainsi, la gamme peut commencer, soit par le *ré*, soit par le *mi*, et de suite, en montant, jusqu'à l'octave de la première tonique *ut*.

Mais, si l'on voulait faire une gamme en partant du *ré* au lieu de l'*ut*, on remarquerait que cette nouvelle gamme de *ré* n'imiterait pas absolument la première. Cette dissemblance dans l'intonation ou la succession naturelle des sons provient du déplacement accidentel des tons et des demi-tons de la gamme d'*ut* transformée en gamme de *ré*.

Dans la gamme d'*ut*, on compte : un *ton* du premier au second degré, — un *ton* du second au troisième degré, — un *demi-ton* du troisième au quatrième degré, — un *ton* du quatrième au cinquième degré, — un *ton* du cinquième au sixième degré, — un *ton* du sixième au septième degré, — un *demi-ton* du septième au huitième degré (ou octave.)

Toute gamme ainsi formée, et présentant cet enchaînement de tons et demi-tons, est l'expression du MODE MAJEUR, ou principal.

Lorsque les demi-tons se placent du second au troisième et toujours du septième au huitième degré, la gamme est alors dans le MODE MINEUR, ou moindre.

Afin de pouvoir suivre dans la gamme nouvelle de *ré*, dont nous parlions précédemment, l'ordre primitif des tons et demi-tons semblable à celui qu'ils observent dans la gamme d'*ut* majeur, on a été obligé de hausser les troisième et septième degrés de cette nouvelle gamme de *ré* majeur, dont les sept notes sont empruntées à la gamme d'*ut* primitive. Or, pour hausser ces troisième et septième degrés, on a inventé un signe appelé *dièse*, dont voici la figure (♯). Ce signe conventionnel augmente ou hausse d'un *demi-ton* toute espèce de valeur de note devant laquelle il est placé.

Voulant aussi rendre *mineure*, de majeure quelle est naturellement, la gamme d'*ut* primitive, afin de changer l'ordre du premier demi-ton, c'est-à-dire afin de le placer du second au troisième degré, tandis que, naturellement, il existe du troisième au quatrième degré, on a encore imaginé un nouveau signe appelé *bémol*, dont voici la figure (♭). Ce signe conventionnel diminue ou baisse d'un *demi-ton* toute espèce de valeur de notes devant laquelle il est placé.

Enfin, pour rétablir dans leur intonation naturelle ou primitive les notes *diésées* ou *bémolisées*, un troisième et dernier signe conventionnel appelé *bécarre*, et dont voici la figure (♮), a été inventé. Placé devant une note quelconque affectée d'un bémol, il lui rend sa qualité primitive en la haussant d'un *demi-ton*; mais, placé devant une note diésée, il la baisse d'un demi-ton; de sorte que, suivant le cas, il remplit soit l'office du dièse soit celui du bémol.

Voici d'abord un exemple de la gamme majeure primitive, avec l'indication de la position des tons et demi-tons.

Exemple de la gamme mineure primitive, avec l'indication de la position des tons et demi-tons :

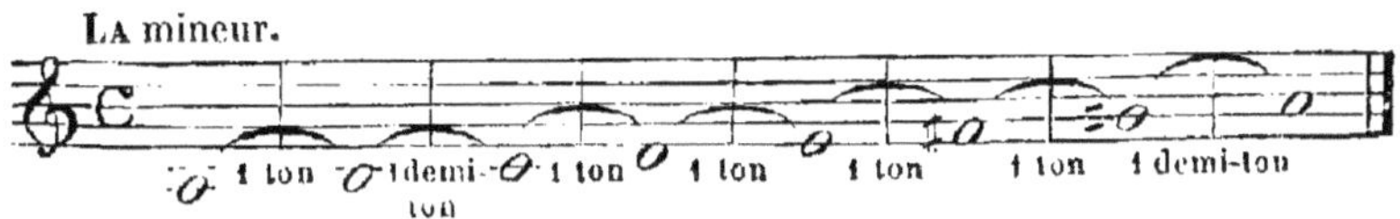

Pour changer l'ordre primitif du premier demi-ton, on n'a pas été obligé d'employer le dièse ou le bémol, parce que, dans la gamme d'*ut*, d'où la gamme mineure de *la* procède, les notes *si*, *ut* comportent le premier demi-ton entre elles deux dans la gamme mineure. Il n'en a pas été de même à l'égard du second demi-ton; afin de le produire du septième au huitième degré ou de *sol* à *la*, il a fallu faire intervenir le dièse devant le *sol*, parce que, dans la gamme d'*ut*, cette note *sol* est naturelle et comporte un ton entre elle et le *la* qui la suit. C'est aussi pour produire un ton du cinquième au sixième degré de la gamme mineure de *la*, que l'on a dû poser un dièse devant le *fa*, parce que, si l'on avait conservé cette note dans son premier état, il y aurait eu un ton et demi entre elle et le *sol* dièse; ce qui eut intervenu l'ordre naturel établi primitivement.

Exemple de la gamme d'*ut* mineur produite par l'emploi du bémol devant la tierce, afin de produire le demi-ton du second au troisième degré (du *ré* au *mi*).

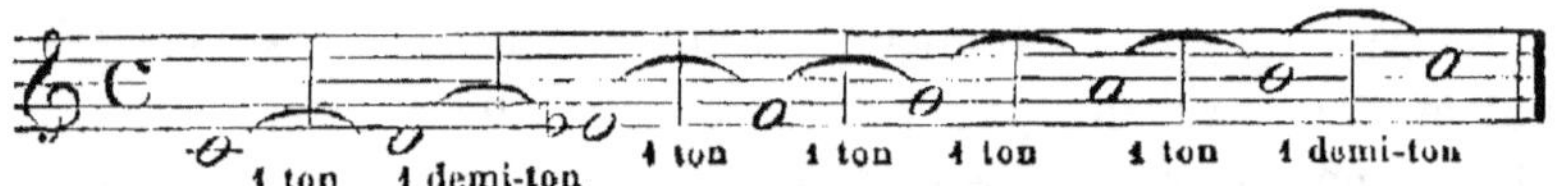

Toute gamme, qu'elle soit majeure ou mineure, est donc formée de cinq tons et deux demi-tons, ainsi que nous l'avons déjà exposé précédemment. — C'est la position des uns et des autres qui détermine la qualité majeure ou mineure du mode. Ajoutons que l'oreille, si on l'a juste, est bientôt en état de décider, après quelques mesures d'audition, si le morceau exécuté est ou n'est pas majeur ou mineur; car, il est impossible à une même phrase musicale d'être tout à la fois dans les deux modes.

Voici, pour compléter notre démonstration sur la formation de la gamme majeure de *ré*, imitée exactement de celle d'*ut* majeur, un parallèle entre ces deux gammes.

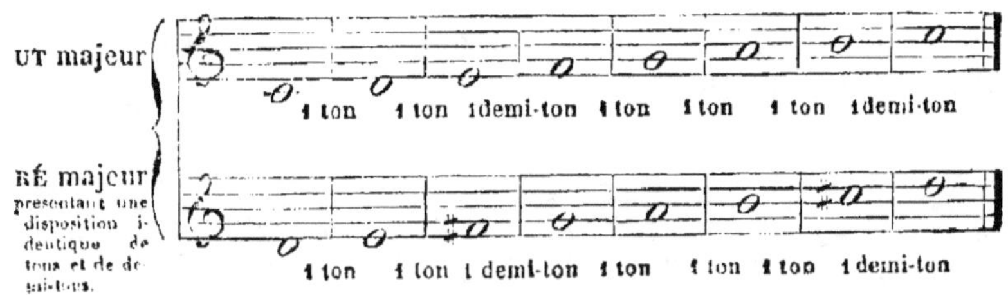

Sans l'intervention du *dièse* place devant le *fa* (la tierce de *ré*) et de l'*ut* (la septième de *ré*), cette nouvelle gamme majeure n'aurait pu se produire.

L'intervention d'un *bémol* peut aussi contribuer à établir exactement la position des tons dans une gamme majeure.

Voici, à ce sujet, un parallèle entre la gamme d'*ut* majeur, et celle de *fa* majeur [1].

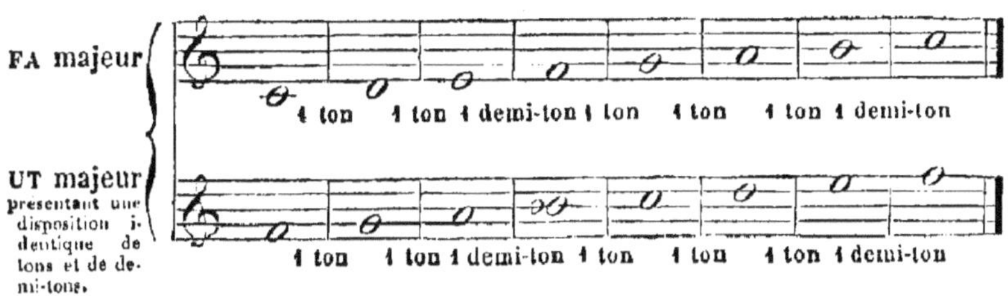

Dans la gamme d'*ut*, il y a un ton du *la* au *si*; dans celle de *fa*, le *bémol*, placé devant le *si*, établit le premier demi-ton du troisième au quatrième degré, ce qui constitue le mode majeur.

A l'égard des dièse, bémol et bécarre, nous ajouterons que ces signes prennent le nom d'*accidentels*, lorsqu'on les place dans le courant d'un morceau de musique, et qu'ils ne conservent leur valeur que pendant l'espace de la mesure dans laquelle ils sont employés; mais que, placés après la clef dès le début d'une composition, ils ont une valeur égale à la durée de cette composition elle-même.

§ 10.

DE LA FORMATION DES GAMMES PAR LES DIÈSES ET LES BÉMOLS, ET DES BÉCARRES POSÉS A LA CLEF D'UN MORCEAU DE MUSIQUE.

Les deux gammes d'*ut majeur* et de *la mineur*, qui sont, ainsi que cela a été dit précédemment, les types des deux modes *majeur* et *mineur*, peuvent être, comme cela est pressenti dans la neuvième section, imitées de quatorze manières, soit en se servant du dièse reproduit à la clef jusqu'à sept fois, soit en employant le bémol sept

---

autres fois répété et dans le même but. Il suit de tout ceci que chacune des notes de la gamme d'*ut* majeur peut-être ou *diésée* ou *bémolisée*.

Voici dans quel ordre les dièses se posent à la clef.

Le premier dièse se pose sur le *fa*.
Le second   —   —   sur l' *ut*.
Le troisième   —   —   sur le *sol*.
Le quatrième   —   —   sur le *ré*.
Le cinquième   —   —   sur le *la*.
Le sixième   —   —   sur le *mi*.
Le septième   —   —   sur le *si*.

Exemple : 

Les bémols se posent dans l'ordre suivant :

Le premier bémol se pose sur le *si*.
Le second   —   —   sur le *mi*.
Le troisième   —   —   sur le *la*.
Le quatrième   —   —   sur le *ré*.
Le cinquième   —   —   sur le *sol*.
Le sixième   —   —   sur l' *ut*.
Le septième   —   —   sur le *fa*.

Exemple : 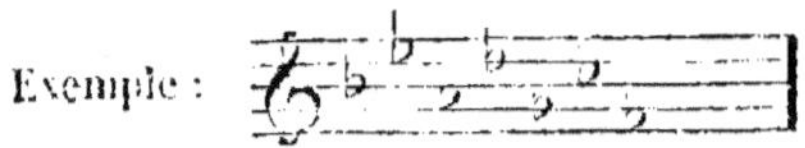

Observons, une fois pour toutes, que l'on ne peut poser le second dièse ou bémol sans poser aussi le premier, et ainsi des autres qui suivent le second, le troisième ou le quatrième, etc., d'après le besoin que l'on peut avoir d'en employer un plus grand nombre.

On ne pose jamais de bécarre au début d'un morceau, à moins que ce morceau n'ait été précédé d'une autre composition diésée ou bémolisée, et lui servant en quelque sorte d'introduction ; dans ce cas, on met autant de bécarres que l'on a besoin d'ôter de dièses ou de bémols. Enfin, un morceau de début ayant sa clef armée de bécarres, serait un non sens musical.

GAMMES FORMÉES PAR LES DIÈSES.

Chaque dièse posé à la clef rend le son qu'il affecte *note sensible* du ton principal majeur dans lequel est le morceau tout entier. Ainsi, puisque le *fa* (première note qui peut être diésée) est la note sensible ou septième du ton de *sol* :

Avec un dièse à la clef, on est en SOL MAJEUR.
Avec deux dièses — — RÉ MAJEUR.
Avec trois — — — LA MAJEUR.
Avec quatre — — — MI MAJEUR.
Avec cinq — — — SI MAJEUR.
Avec six — — — FA MAJEUR.
Avec sept — — — UT DIÈSE MAJEUR.

Mais, comme les deux tons-types d'*ut* majeur et de *la* mineur ne prennent pas de signes accidentels à la clef, il suit que, avec un dièse à la clef, on peut être soit en SOL MAJEUR, ou en MI MINEUR ; avec deux dièses, en RÉ MAJEUR ou en SI MINEUR ; avec trois dièses, en LA MAJEUR ou en FA MINEUR ; avec quatre dièses, en MI MAJEUR ou en UT MINEUR ; avec cinq dièses, en SI MAJEUR ou en SOL MINEUR ; avec six dièses en FA MAJEUR ou en RÉ MINEUR ; avec sept dièses, en UT DIÈSE MAJEUR ou en LA DIÈSE MINEUR.

Remarquez que le ton mineur relatif d'un ton majeur a toujours sa tonique une tierce au-dessous de celle du majeur dont il dérive.

Pour hausser d'un demi-ton les sixième et septième degrés de la gamme de *la* dièse mineur, on est obligé d'employer un signe appelé DOUBLE-DIÈSE, et dont voici la figure ($\times$). Placé devant une note naturelle, il l'augmente de deux demi-tons (cette position n'est pas usitée), et, placé devant une note déjà diésée, il la hausse seulement d'un demi-ton, ainsi que cela se pratique plus communément, comme on vient de le dire au commencement de ce paragraphe.

GAMMES FORMÉES PAR LES BÉMOLS.

Le premier bémol se pose toujours à la clef sur la *sous-dominante*, (ou quatrième degré supérieur) à la tonique dont il détermine le nom générique. De même que, pour les tons mineurs diésés, on trouve la tonique mineure relative aux sons bémolisés une tierce inférieure au-dessous du premier degré de chaque nouvelle gamme majeure bémolisée, ainsi :

avec 1 bémol posé à la clef on est en FA MAJEUR ou en RÉ MINEUR.

— 2 —	—	—	SI MAJEUR	—	SOL MINEUR.
— 3 —	—	—	—	MI MAJEUR	—	UT MINEUR.
— 4 —	—	—	—	LA MAJEUR	—	FA MINEUR.
— 5 —	—	—	—	RÉ MAJEUR	—	SI MINEUR.
— 6 —	—	—	—	SOL MAJEUR	—	MI MINEUR.
— 7 —	—	—	—	UT ♭ MAJEUR	—	LA ♭ MINEUR.

Lorsque l'on veut rendre accidentellement mineure la tierce du ton d'*ut* bémol majeur, on est obligé d'employer le DOUBLE BÉMOL ainsi figuré (♭♭). Placé devant une note naturelle (ce qui ne se pratique presque jamais), il la baisse de deux demi-tons ; et mis devant une note déjà bémolisée il ne la baisse que d'un nouveau demi-ton.

En terminant cette section, observons que les tons formés par plus de cinq dièses ou cinq bémols sont peu pratiqués, à cause des difficultés d'exécution qu'ils offrent à certains instruments ; mais que les voix humaines peuvent les aborder sans crainte, parce que, pour elles, il n'y a de fait que deux tons : ceux d'*ut* majeur et de *la* mineur, et que ces tons, haussés ou baissés par l'effet naturel à chacun des signes accidentels, embarrassent plutôt les yeux des chanteurs que leurs oreilles. Il suffit donc que la mélodie écrite avec beaucoup de dièses ou de bémols soit chantable, c'est-à-dire formée d'une suite d'intervalles mélodieux, expressifs, appropriés au sujet, et, avant tout, ne dépassant pas les limites naturelles des voix qui devront l'exécuter. C'est pour cette raison que l'on a dit avec beaucoup de justesse : que la voix était l'*instrument le plus parfait*.

Ajoutons que les accents de la voix humaine, trouvant un écho vivant dans notre propre organisation, doivent naturellement la pénétrer avec plus de force et de charme que toute autre espèce de *voix factices*, ou d'instruments créés par la main des hommes, afin d'imiter ou d'accompagner l'instrument humain ; cette sublime création de l'auteur de toutes choses !

§ 11.

EXERCICES A DEUX VOIX ÉGALES SUR LES TONS NATURELS, DIÉSÉS ET BÉMOLISÉS, MAJEURS ET MINEURS.

Nota. Le mouvement de tous ces exercices doit être très modéré.

UT MAJEUR.

LA MINEUR, relatif d'UT MAJEUR.

(1) Remarquez que le dièse accidentel est posé sur le *sol*, septième note ou sensible du ton de *la* mineur, et que ce même *sol*, dans le ton d'*ut* majeur, est la quinte de cette tonique; donc, pour passer d'*ut* en *la* au moyen du dièse accidentel, il faut placer ce signe devant la quinte (le *sol*).

SOL MAJEUR, premier ton avec un dièse à la clef.

---

(1) Lorsqu'un morceau commence par une note qui, comme cette noire, ne vaut qu'un temps, il faut compter, avant de l'attaquer, les trois premiers temps en battant la mesure.

Ainsi, dans ce cas, il faut dire : 2   4 sol   3
                     1

MI MINEUR, relatif mineur naturel du ton de **SOL MAJEUR**.

RÉ MAJEUR, deuxième ton, avec deux dièses.

SI MINEUR, ton mineur naturel, relatif à **RÉ MAJEUR**.

LA MAJEUR, troisième ton, avec trois dièses.

FA MINEUR, relatif mineur naturel au ton de LA MAJEUR.

MI MAJEUR, quatrième ton, avec quatre dièses.

UT MINEUR, ton relatif mineur au ton de MI MAJEUR.

Nous ne donnerons pas de leçons dans les trois autres tons formés de cinq, six et sept dièses, parce que l'élève n'aura occasion de chanter dans ces tons si chargés d'accidents que beaucoup plus tard, c'est-à-dire lorsqu'il sera déjà assez musicien par suite d'une pratique journalière plus complète.

TONS AVEC BÉMOLS.

FA MAJEUR, premier ton, avec un bémol.

RÉ MAJEUR, ton mineur relatif naturel à FA MAJEUR.

SI BÉMOL MAJEUR, deuxième ton, avec deux bémols.

SOL MINEUR, ton relatif à SI BÉMOL MAJEUR.

MI BÉMOL MAJEUR, troisième ton, avec trois bémols.

UT MINEUR, ton relatif de MI BÉMOL MAJEUR.

LA BÉMOL MAJEUR, quatrième ton, avec quatre bémols.

FA MINEUR, ton relatif à LA BÉMOL MAJEUR.

L'emploi de plus de quatre bémols à la clef étant assez rare ordinairement, nous avons jugé nécessaire de ne pas dépasser ce nombre ici, laissant au lecteur le soin d'étudier plus tard les tons ultra-bémolisés, qui, par eux-mêmes, n'offrent aucune difficulté vocale dans la pratique.

§ 12.

DES GENRES DIATONIQUE, CHROMATIQUE ET ENHARMONIQUE,

ET DES DIFFÉRENTES QUALITÉS, DIMINUÉE, MINEURE, MAJEURE ET AUGMENTÉE, DE TOUS LES INTERVALLES SIMPLES ET COMPOSÉS.

Une mélodie procédant par tons et demi-tons, pourvu que ces derniers soient produits spontanément, soit par la nature du ton principal, comme en *ut majeur*, par exemple, soit par l'un ou l'autre des trois signes accidentels posé à la clef, devant une seule ou plusieurs notes, mais changeant de nom après avoir subi une altération quelconque, une telle mélodie, disons-nous, est du *genre diatonique*.

Ainsi, toute gamme, principe mélodique par excellence, si elle est dans le mode majeur ou mineur, appartient au genre diatonique parce qu'elle procède par tons et demi-tons disposés comme on l'a enseigné précédemment.

Mais une mélodie procédant par demi-tons seulement, lorsque une même note est tour à tour diésée, bémolisée ou bécarrisée, après avoir été dans un état contraire, appartient au *genre chromatique*, parce que cette même note *change* de qualité sonore ou d'intonation, quoique conservant toujours le nom qui lui est propre; tandis que, dans le *genre diatonique*, la note affectée du signe accidentel ne change qu'une seule fois d'intonation relativement au ton dans lequel la mélodie dont elle fait partie intégrante est écrite.

Enfin, une mélodie dans laquelle une note diésée, par exemple, est remplacée par une note bémolisée qui lui est synonyme sur le forté-piano, appartient au *genre enharmonique*. On sait que, sur le clavier, les dièses et les bémols sont produits par les mêmes touches noires. En faisant une expérience du genre enharmonique avec le *la dièse*, considéré comme *si bémol*, il sera facile de se convaincre que le *la dièse* tend à monter au *si* naturel dont il est la *note sensible*, tandis que la même note, considérée comme étant un *si bémol*, tend à descendre sur le *la* (tierce du ton de *fa* majeur), dont ce même *si bémol* est la sous-dominante (ou quatrième degré de la tonique *fa* elle-même.)

On donne aussi les dénominations *diatonique*, *chromatique* et *en-harmonique* au demi-ton, suivant le cas où ce dernier est employé.

Voici trois exercices vocaux qui fixeront le lecteur sur la triple transformation que peut subir le demi-ton.

N° 1. — GENRE DIATONIQUE.

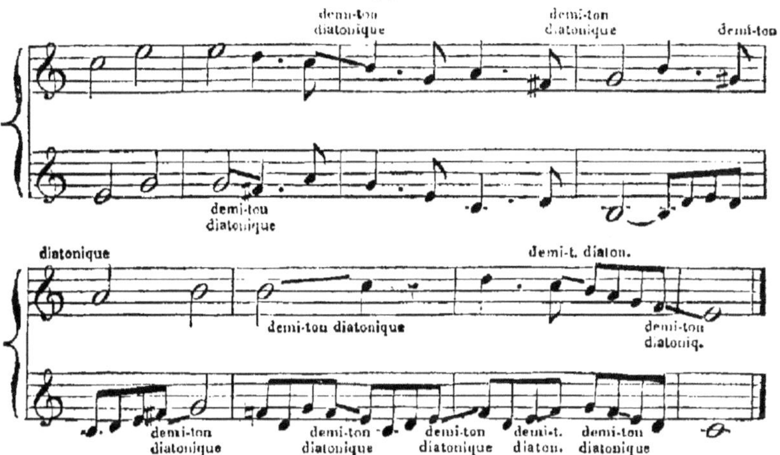

On a dû remarquer que le demi-ton diatonique est celui qui forme
le passage de la tierce à la quarte, de la seconde à la tierce, et de la
septième à l'octave des modes majeur et mineur.

N° 2. — GENRE CHROMATIQUE.

Le demi - ton chromatique est celui qui hausse ou baisse une note sitôt après qu'elle a été entendue dans son état normal. Dans ce cas, elle change d'intonation mais conserve son nom.

N° 3. — GENRE ENHARMONIQUE.

On a vu que le demi - ton enharmonique est celui qui, quoique conservant à peu près la même intonation à la note qui le formule, change le nom de cette même note en lui donnant une résolution différente. Ainsi le *si* ♭ de la neuvième mesure devient un *la* ♯ et monte au *si* ♮ de la mesure suivante; tandis que le *la* ♯ de la treizième mesure redevient un *si* ♭ et descend au *la* ♮ qu'il précède.

Ajoutons que ce genre est employé avec beaucoup de discrétion dans la musique vocale surtout, parce qu'il présente des difficultés presque insurmontables sous le rapport de la justesse d'intonation.

Quoique les voix humaines se refusent à chanter avec justesse, expression et facilité certains intervalles que les instruments rendent sans effort, il est convenable et même obligatoire à tout solfége complet d'initier ses lecteurs a la connaissance des différentes modifications que peuvent subir tous les intervalles simples et composés dont la nomenclature naturelle à été donnée page 32. Par suite de l'emploi des signes accidentels, qui, dans ce cas, prennent aussi la qualité plus significative de signes altératifs, on peut faire subir différentes modifications aux intervalles en les rendant *diminués*, *mineurs*, *majeurs* et *augmentés*.

Voici un tableau de tous les intervalles dans leurs différents états.

N° 1. — UNISSON.

Cet intervalle n'étant que la répétition identique d'un même son, ne peut être modifié en aucune manière.

N° 2. — SECONDES.

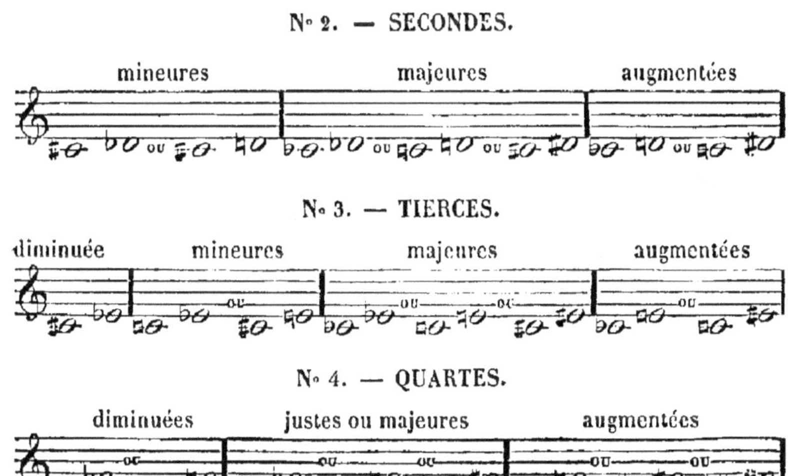

N° 3. — TIERCES.

N° 4. — QUARTES.

Nº 5. — QUINTES.

diminuées   justes ou majeures   augmentées

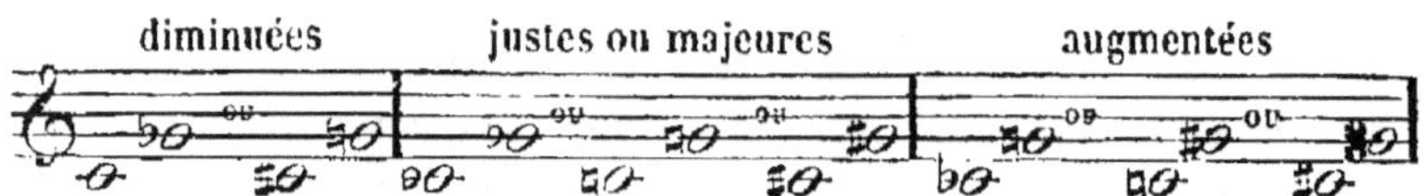

Nº 6. — SIXTES.

diminuée   mineures   majeures   augmentées

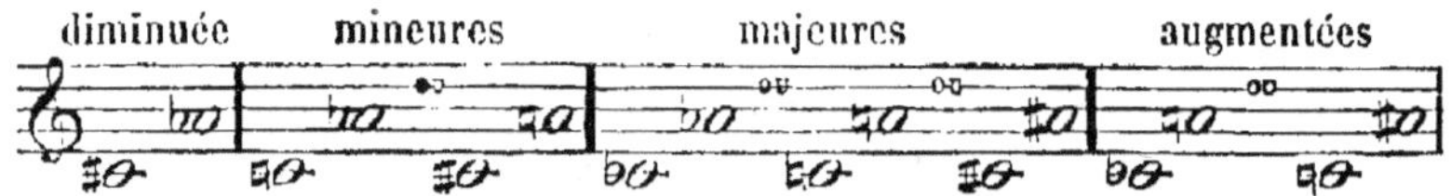

Nº 7. — SEPTIÈMES.

diminuée   mineures   majeures

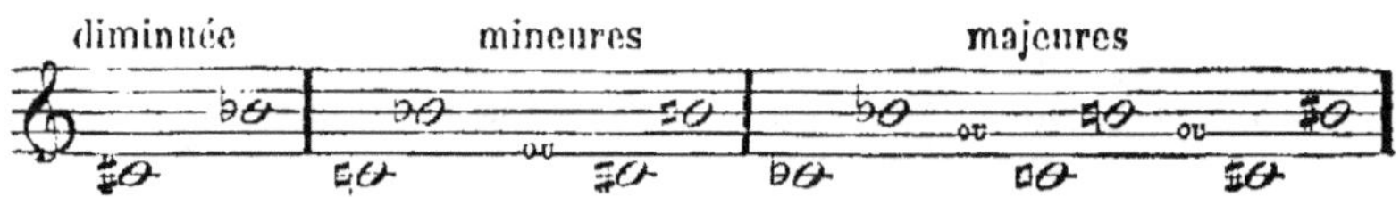

Nº 8. — OCTAVE , inaltérable, comme l'unisson qu'il redouble.

Nº 9. — NEUVIÈMES, ou redoublement de secondes à l'octave supérieure.

mineures   majeures   augmentées

Nº 10. — DIXIÈMES (redoublement de tierces à l'octave supérieure).

diminuée   mineures   majeures   augmentées

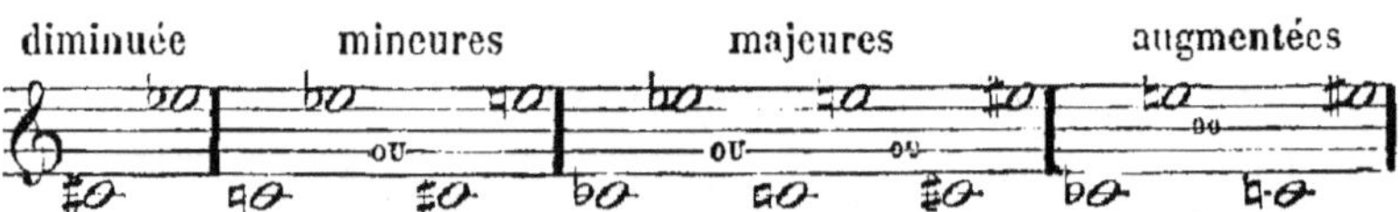

Nº 11. — ONZIÈMES, (redoublement de quartes à l'octave supérieure).

diminuées   justes ou majeures   augmentées

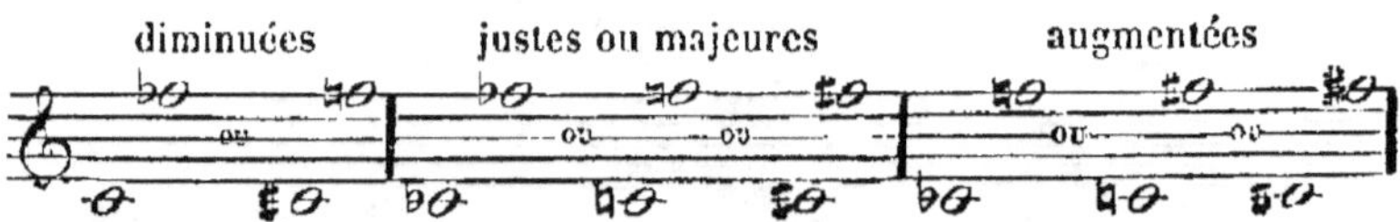

N° 12. — DOUZIÈMES (ou redoublement de quintes à l'octave supérieure).

Il n'y a, en général, que les intervalles composés de neuvièmes et de dixièmes qui soient employés dans la musique vocale, et, comme nous l'avons dit au commencement de la partie de cette section qui en traite, beaucoup d'intervalles d'une moins grande étendue y sont prohibés à cause de la difficulté qu'ils présentent à être vocalisés convenablement.

FIN DE LA PREMIÈRE PARTIE.

DEUXIÈME PARTIE.

NOTIONS PARTICULIÈRES.

SUIVIES

DES PRINCIPES ÉLÉMENTAIRES DE L'ART DU CHANT.

§ 1.

DES MESURES COMPOSÉES.

Les trois mesures-types dont nous avons parlé longuement dans une des sections de la première partie ont pour dérivés d'autres mesures amplificatives ou diminutives de chacune d'elles. Ces mesures, qui prennent le nom de *composées*, se battent de la même manière que les radicales ou primitives dont elles dérivent, mais elles en diffèrent par l'indication en chiffres et la valeur des notes qui peuvent remplir la durée ou circonférence de chacune d'elles.

La mesure à *quatre temps* n'a qu'une seule mesure dérivée, celle à *douze-huit*, figurée ainsi : $\frac{12}{8}$.

Une ronde pointée, deux blanches ou quatre noires pointées, douze croches divisées par trois, ou vingt-quatre doubles-croches divisées par six, peuvent remplir cette mesure qui, de même que son radical, se bat à *quatre temps*.

La mesure à *trois temps* a deux mesures dérivées, celle à $\frac{9}{8}$ et celle à $\frac{3}{8}$.

La première de ces deux mesures est remplie par une blanche et une noire pointées, par trois noires pointées, neuf croches divisées par trois, ou dix-huit doubles-croches divisées par six pour chacun des trois temps.

La seconde mesure dérivée, celle à $\frac{3}{8}$, est remplie par une noire pointée, trois croches, six doubles-croches ou douze triples-croches divisées par quatre pour chaque temps. Ces deux mesures se battent à trois temps comme leur radicale.

La mesure à *deux temps* a également deux mesures dérivées. Celle à deux-quatre, qui se figure ainsi : $\frac{2}{4}$, et celle à six-huit, figurée par les chiffres $\frac{6}{8}$.

Une blanche, deux noires, quatre croches, seize doubles-croches, trente-deux triples-croches remplissent la mesure à deux-quatre.

Une blanche pointée, deux noires pointées, six croches divisées par trois, douze doubles-croches divisées par six pour chaque temps remplissent la mesure à six-huit, qui, de même que celle à deux-quatre, se bat à deux temps.

Voici une suite d'exercices vocaux sur chacune des mesures composées.

MESURE A DOUZE-HUIT, dérivée de la mesure à quatre temps, et se battant de la même manière que cette dernière.

MESURE A SIX-HUIT, dérivée de la mesure à deux temps, et se battant
de même.

MESURE A DEUX-QUATRE, dérivée de celle à deux temps,
et se battant de même.

MESURE A NEUF-HUIT, dérivée de celle à trois temps,
et se battant de même.

MESURE A TROIS – HUIT, dérivée de celle à trois temps,

et se battant de même.

§ 2.

DES TRIOLETS, QUARTOLETS, QUINTOLETS, SEXTOLETS, ETC.

On emploie souvent, dans la notation musicale, un artifice qui consiste à placer trois notes là où la mesure n'en exige que deux pour être remplie. D'autres fois, on en met quatre pour trois, cinq pour quatre ou six pour quatre, etc. Ces notes en plus ne doivent pas prendre plus de temps à être chantées ou exécutées que les notes simples auxquelles elles sont ajoutées n'en exigent dans l'économie de la mesure; c'est pour cette raison qu'on leur donne le nom de l'espèce de valeur de notes avec laquelle on les formule; et, pour ne pas induire en erreur l'exécutant, on surmonte d'un chiffre indicateur les groupes de triolets, quartolets, quintolets, etc.

Dans une mesure à *quatre temps*, on ne peut faire de triolets qu'avec des noires et des croches mêlées, ou seulement avec des croches formant un groupe de trois par temps; mais, dans une mesure à *deux temps*, on peut faire un triolet formé d'une blanche et d'une noire, ou deux triolets, le premier affecté au premier temps et le second au deuxième temps de la mesure. Les triolets en noires et ceux en croches peuvent également remplir cette mesure. La mesure à *trois temps* ne peut avoir de triolets qu'en noires et croches mêlées, ou en croches ou en doubles-croches liées par trois, six ou neuf.

De toutes les mesures composées, celles à *deux-quatre* et à *trois-huit* peuvent être remplies par des triolets, soit de croches et doubles-croches mêlées, soit en doubles-croches divisées par trois, par six ou par neuf.

Quant aux mesures composées à $\frac{12}{8}$, $\frac{9}{8}$ et $\frac{6}{8}$, comme elles sont formées elles-mêmes de triolets qui leur sont naturels, il est impossible de leur en ajouter en croches; mais en doubles ou triples-croches, cela est plus facile, quoique ce soit très peu usité.

Nous ajouterons que les véritables triolets, ceux que l'on introduit dans les mesures à quatre, deux, trois temps, deux-quatre, et trois-huit, donnent à la mélodie un *sautillement* qu'elle n'a pas dans les mesures naturelles à triolets comme le sont celles à $\frac{12}{8}$, $\frac{9}{8}$ et $\frac{6}{8}$.

Voici des exemples de triolets, quartolets, quintolets, sextolets, neuf pour six, douze pour huit, lorsqu'il s'agit de *trioler* des croches ou des doubles-croches liées ensemble.

Mesure à quatre temps.

Mesure à deux temps.

Le point après la blanche indique qu'elle vaut six croches.

Mesure à deux-quatre.

Mesure à trois temps.

Mesure à trois-huit.

---

(1) Ces barres, ajoutées après une figure de notes, indiquent qu'il faut la répéter autant de fois qu'elles sont marquées. Plus loin, à l'article ABRÉVIATION, cette particularité sera développée.

(2) Lorsque l'on emploie cette espèce de triolets dans la mesure à deux-quatre, il faut la battre absolument à deux temps, et non pas à quatre, comme cela est possible dans tous les autres cas.

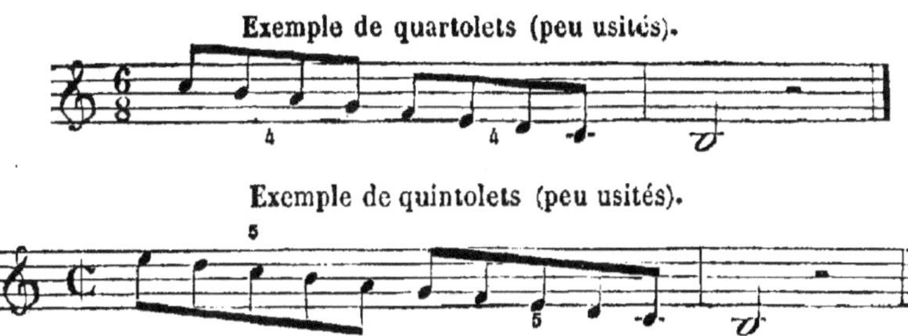

Dans la musique de piano, on rencontre quelquefois, non seulement des quartolets et des quintolets, mais aussi des *dixolets*, *onzolets*, *treizolets*, (qu'on nous pardonne la barbarie de ces néologismes). Mais ces sortes de divisions, rejetées avec raison de toute musique vocale, n'ont d'autre but que de pervertir le sentiment de la mesure en contribuant à augmenter le déluge de notes qui inonde le plus souvent le clavier de cet instrument, auquel il ne manque que la faculté expressive du violon pour être le plus complet de tous ceux sortis de la main des hommes.

Voici un exercice vocal sur les triolets employés le plus fréquemment dans la pratique musicale.

Exercices sur les triolets.

§ 3.

ABRÉVIATIONS; RÉPLIQUE; SIGNE DE RENVOI; DOUBLES-BARRES DE MESURE ET DE REPRISE; GUIDON; *VOLTI SUBITO*; SIGNES D'EXPRESSION; TERMES ITALIENS, INDICATEURS DES MOUVEMENTS ET DE L'EXPRESSION A DONNER A LA MUSIQUE, AVEC LEUR TRADUCTION FRANÇAISE EN REGARD; MÉTRONOME DE MAELZEL.

Lorsqu'une figure de notes semblables, et même un passage d'une mesure au plus de durée, se répètent plusieurs fois de suite, on emploie un signe d'*abréviation*, afin de s'éviter la peine d'écrire plusieurs fois de suite la même fraction mélodique. C'est surtout dans la musique instrumentale que l'on se sert le plus des abréviations.

Si l'on veut abréger l'écriture de quatre noires semblables, on place quatre petits points au-dessus d'une ronde. Exemple :

Si c'est huit croches que l'on veut abréger, on met une barre au-dessous de la ronde. Exemple :

Le nombre de barres s'augmente en raison de la subdivision que l'on veut produire. Deux barres signifient, dans ce cas, seize doubles, trois barres, trente-deux triples, et quatre barres, soixante-quatre quadruples croches.

Si c'est un quadruple triolet de croches que l'on veut faire sur la ronde, on surmonte cette figure du chiffre 12; on place au-dessous d'elle une barre de croches, et on l'augmente de quatre croches au moyen du point que l'on place à sa droite. Exemple :

Les autres figures de notes d'une moindre valeur que la ronde subissent naturellement une abréviation analogue à leur durée dans la mesure.

Souvent aussi on répète la même note au moyen de ce petit trait : ▬ reproduit autant de fois que l'on veut répéter la note d'abord écrite.

Blanche répétée deux fois.

Deux croches ou deux triolets se figurent de même , mais on barre la première note indicative, et, dans le cas de triolets, on la fait suivre d'un point après l'avoir surmontée du chiffre 3. Exemple :

Les doubles, triples et quadruples croches répétées sur une même note s'abrègent, soit par une ronde barrée , soit par une blanche, soit par une noire, ou deux croches , etc. Exemple :

Si ce sont 4 sextolets en doubles croches , on surmonte la noire du chiffre 6 ; on la barre deux fois après avoir placé un point à sa droite. Exemple :

Les mots *simili* ou *idem* s'ajoutent souvent au-dessus des barres d'abréviation. Lorsque le même trait est répété, et même s'il se prolonge, on surmonte chaque mesure d'un numéro d'ordre. Exemple :

Il existe en musique des bâtons de deux et quatre pauses ; le premier occupe l'espace des deux lignes 3 et 4 de la portée , et le second se pose entre la seconde et la quatrième lignes horizontales, l'un et l'autre se posent verticalement et se surmontent du chiffre indicateur. Exemple :

Depuis quelque temps, les copistes de musique ne se servent plus que du signe de la pause surmonté du chiffre 1, et quand ils ont deux, quatre, dix, vingt ou cent pauses à faire compter à l'exécutant, ils préfèrent, pour aller plus vite, mettre le chiffre total de ces silences différents au-dessus de deux barres presque horizontales. Exemple :

La RÉPLIQUE est une portion d'une partie étrangère à celle que l'on chante ou exécute et que l'on introduit, écrite en plus petits caractères, lorsqu'un certain nombre de pauses a dû être compté. La réplique évite donc aux musiciens inattentifs le soin de compter leurs pauses et contribue à donner plus de sûreté à l'*entrée* nouvelle du motif ou de toute autre fraction d'une composition musicale.

Le DA CAPO AL SEGNO 𝄋, terme italien qui signifie : *retournez au commencement du morceau, et reprenez au signe* 𝄋, se place, soit au milieu, soit à la fin d'une pièce de musique ; on abrége cette indication en la figurant ainsi *D. C. al* 𝄋.

Quelquefois, le *D. C.* est seul écrit, parce qu'il est inutile de reprendre ailleurs qu'à la première note du morceau. Ajoutons que le signe 𝄋, lorsqu'il est placé à la fin d'un morceau, doit toujours être répété à l'endroit où il faudra reprendre ; dans ce cas, on place deux barres verticales assez grosses à la mesure de reprise, au lieu de la simple barre habituelle.

Lorsque l'on place deux petits points après la première double-barre et devant la dernière double-barre finale d'une mélodie quelconque, cela signifie qu'il faut répéter deux fois cette même mélodie. Exemple :

Si l'on veut changer une partie de la mélodie de la mesure finale pour préparer celle qui suit, on surmonte cette même mesure d'un trait sous lequel sont écrits ces mots : *prima volta* ou 1ᵃ *volta* (ce qui signifie : première fois); et sur la mesure qui continue la mélodie, après la reprise, on écrit ces autres mots : *seconda volta* ou 2ᵈᵃ *volta* (ce qui signifie seconde fois), et l'exécutant passe tout à fait la mesure 1ᵃ *volta* pour dire à sa place celle 2ᵈᵃ *volta*.

Autrefois, on se servait de ce petit signe ⌣ appelé GUIDON; placé à la fin d'une portée au bas de la page, recto ou verso, il occupait la place de la note commençant la portée suivante. Son usage à peu près nul l'a fait tomber en désuétude. On le remplace aujourd'hui par ce mot italien plus énergique : *Volti subito* (tournez vite).

Les SIGNES D'EXPRESSION sont de plusieurs sortes ; les uns s'emploient pour donner plus de douceur à une ou plusieurs notes, les autres pour les faire attaquer avec plus de vigueur; mais leur but à tous est de nuancer la sonorité vocale ou instrumentale, en contrastant les idées générales, accessoires et même moins qu'épisodiques de toute espèce de musique.

Exemple de signes de diminution, quant au volume du son, ayant en regard leur signification italienne et sa traduction française.

	Italien.	Traduction française.
P	*Piano*	Doux.
PP	*Pianissimo* . .	Très doux.
Dol.	*Dolce*	Doux , mais avec plus d'expression affectueuse que lorsqu'il y a *P* ou *PP*.
Dim.	*Diminuendo.* .	En diminuant le son.
Smorz. . . .	*Smorzando.* . .	En éteignant le son.

Italien.		Traduction française.
Decresc. . .	*Decrescendo* . .	En faisant décroître. On figure aussi cette indication par ce signe ⟩ qui, lorsque l'on veut en affecter un certain nombre de mesures, doit se prolonger pendant tout l'espace qu'elles occupent sur le papier.
Sotto voce.		A demi-voix.

Exemples de signes d'augmentation, quant au volume du son, ayant également en regard l'abréviation, le mot entier en italien, et la traduction française en regard.

Italien.		Traduction française.
MF	*Mezzo forte* . .	Demi-fort.
F	*Forte*	Fort.
FF	*Fortissimo*. . .	Très fort.
Rinf.	*Rinforzando*. .	En renforçant le son.
SFZ	*Sforzando*. . .	En forçant le son.
Tutta forza.		Avec toute la force dont on est capable.
Piena voce		A pleine voix.
Cresc	*Crescendo*. . .	En augmentant le son. On le représente aussi par ce signe ⟨ qui doit être prolongé aussi long-temps que dure le passage sur lequel on l'emploie.

Souvent on réunit les deux signes ⟨⟩; dans ce cas, on doit commencer très doux la note ou le passage qui en est affecté, puis augmenter le son jusqu'au milieu de la durée du signe, et décroître l'intensité sonore afin de ne pas émettre plus de son en finissant que l'on n'en avait émis lors du début

Les mots *poco à poco* (peu à peu) s'ajoutent aussi quelquefois avec les signes d'augmentation et de diminution. Il suffit de les comprendre pour les bien appliquer.

Quoique dans la nature il n'y ait que deux nuances, le *fort* et le

dour, on a vu précédemment que ces deux types de l'intensité sonore étaient susceptibles d'éprouver beaucoup de modifications augmentatives ou diminutives.

Nous en dirons autant à l'égard des mouvements ou degrés de lenteur et de vitesse que l'on peut imprimer à un morceau de musique. Ces deux degrés sont donc de deux espèces bien différentes : *lent* et *vif*; mais ils subissent peut-être encore plus de modifications que les nuances *piano* et *forte*.

Voici la liste des mouvements ou degrés de lenteur écrits en italien, avec la traduction française en regard[1].

	Largo.	Large.
	Larghetto . .	Moins large.
	Lento.	Lent.
	Grave	Gravement.
	Adagio. . . .	Lent et solennel.
	Un poco lento.	Un peu lent.
	Cantabile. . .	En chantant avec ampleur et sans se presser.
ANDᵀᴿ. .	*Andante* . . .	En allant sans se presser.
ANDᵛᴼ. .	*Andantino* . .	En allant un peu plus vite, mais sans se presser pourtant.
MODᵀᴼ .	*Moderato* . . .	Modérément.

Presque toujours deux termes italiens sont réunis ensemble ; la première indication est, dans ce cas, celle du mouvement et la seconde celle du caractère général de la pièce de musique.

Liste des mouvements ou degré de vitesse écrits en italien, avec la traduction française en regard.

ALLᴼ . .	*Allegro.* . . .	Vif, animé, gai.
ALLᵀᵀᴼ .	*Allegretto.* . .	Moins vif que le précédent.

---

[1] L'Europe musicale se sert des termes italiens afin de donner le plus d'unité possible à l'expression de toute espèce de composition. Ces mots sont traduits en chaque langue afin d'être compris en italien une fois pour toutes. C'est donc à tort que quelques personnes ont blâmé l'emploi universel de termes empruntés à la langue classique des beaux arts.

Presto	Pressé, vite.
Prestissimo . .	Très pressé.
Presto assai. .	Assez pressé.

TERMES INCIDENTELS.

	Allegramente.	En se réjouissant.
	Spiritoso . . .	Avec esprit, douce joie.
	Con gusto. . .	Avec goût.
	Con grazia . .	Avec grace.
	Con fuoco . .	Avec feu.
	Con dolore . .	Avec douleur.
	Con eleganza .	Avec élégance.
	Con goja . . .	Avec joie.
	Marcato . . .	Marqué.
STAC. . .	*Staccato* . . .	Détaché.
RALL. .	*Rallentendo.* .	En ralentissant.
RITARD .	*Ritardando.* .	En retardant.
	Doloroso . . .	Douloureux.
	Più mosso . .	Plus mou, retenu.
	Meno mosso. .	Moins retenu.

TERMES INDIQUANT UNE SORTE D'EXÉCUTION PARTICULIÈRE.

Battute	Battues avec l'archet sur les cordes.
Pizziccato	En pinçant la corde.
Col arco.	En jouant avec l'archet.

TERMES FACULTATIFS.

Ad libitum	A volonté.
A piacere.	Suivant son bon plaisir.
A tempo	En reprenant le mouvement.
1° tempo	1er mouvement repris.

TITRES ITALIENS DE CERTAINES ESPÈCES DE COMPOSITIONS.

Alla capella. — En style de chapelle, à deux temps vifs.

Minuetto. — Menuet. Autrefois ce trois temps était fort lent ; on le dansait même avec une gravité toute magistrale ; aujourd'hui, il est d'un mouvement très vif et comporte de très grands développements.

On ne le danse plus ; la valse à pris sa place dans le quadrille moderne.

Andante. —Se dit aussi d'une sorte de morceau de musique d'un caractère lent et grandiose. Dans les symphonies, trios, quatuors, sonates, etc., l'*andante* est toujours le troisième morceau ; il vient après le *minuetto.*

Adagio. — Synonyme du précédent.

Duo. — A deux parties.

Trio. — A trois parties.

Quatuor. — A quatre parties.

Quartetto. — Composition d'instruments à cordes pour deux violons, alto et violoncelle.

Quintuor. — A cinq parties.

Quintetto. — Composition à cinq parties pour instruments à cordes ou à vent.

Sextuor. — A six parties.

Septuor. — A sept *id.*

Octuor. — A huit *id.*

Nonetto — A neuf *id.*

Sinfonia. — Synonyme d'ouverture chez les Italiens ; mais en France et en Allemagne, une symphonie est un morceau complexe instrumental qui s'exécute dans les concerts sérieux.

Messa. — Messe.

Aria di chieza. — Air d'église.

Oratorio. — Espèce d'opéra sacré destiné au concert.

Cavatina. — Cavatine, sorte d'*andante* vocal destiné à faire briller le goût et l'expression d'un chanteur. La cavatine est toujours précédée d'un *récitativo obligato* (récitatif obligé) et suivie de l'*allegro*, qui, dans ce cas, est tout à la fois mouvement vif et le morceau générique connu sous ce nom.

Opera seria. — Grand opéra sérieux avec récitatifs , airs, duos, trios, quatuors et finales (morceaux d'ensemble qui terminent les actes du drame lyrique).

Opera semi-seria. — Grand opéra, le même que le précédent sous le rapport du genre de morceaux, mais dont la fable théâtrale présente des incidents quelquefois d'un comique modéré.

Opera buffa. — Opéra comique, mais dans lequel la prose parlée de ce genre tout français est remplacée par du récitatif débité, c'est-à-dire passant vite, et se *parlant* presque ; tandis que le *récitatif obligé* comporte des phrases mélodiques d'une certaine étendue.

Opera.—OEuvre. On se sert aussi de ce mot mis en abrégé (*Op.*) pour indiquer l'ordre numérique des œuvres d'un compositeur. Exemple : HAYDN , quartetto , *op.* 10.

Avant l'invention du métronome par Maëlzel , mécanicien célèbre au commencement de ce siècle, l'unité de mouvement ne pouvait être observée que très imparfaitement lorsqu'une composition était exécutée loin de l'auteur ; grâce à cet ingénieux régulateur du temps musical, à Paris comme à Londres , à Moscou comme à Rome , un même morceau est exécuté dans un mouvement identique. Il suffit que l'auteur ait indiqué, après le mouvement, à quel numéro de la tige du métronome l'exécutant doit placer le contrepoids mobile qui peut parcourir cette tige dans toute sa longueur.

Si une composition porte par exemple cet indication :

$$\textit{Allegro} \; \circ = \text{M.} - 114.$$

cela signifie que chaque temps sera rempli par la valeur d'une blanche. Or, plus la valeur de la figure de note que l'on a toujours le soin d'écrire avant l'abréviation M. (métronome) est longue , alors qu'elle est suivie d'un chiffre aussi élevé que celui de 114 coté plus haut, plus le mouvement sera vif. Le contraire a lieu , si, par exemple, on précède d'une croche le chiffre 57. Exemple :

$$\textit{Lento} \; \flat = \text{M.} - 57.$$

Le poids mobile étant alors placé vers le second tiers de la tige (ou balancier vertical), le métronome (qui bat chaque temps avec une intensité assez forte), ralentit le mouvement, de sorte que chaque croche battue prend autant de temps que la blanche M.—114 du mouvement *allegro* cité plus haut.

Ajoutons que l'on ne doit se servir du métronome que dans les premières semaines d'études musicales, ou pour savoir précisément quel est le mouvement donné par l'auteur au morceau que l'on veut exécuter ; car se serait se résigner à remplir le rôle d'un automate que de suivre les froids battements réguliers du métronome pendant tout le cours de l'exécution d'un morceau autre qu'une étude vocale et de commençants. Ce serait enfin comprimer l'inspiration de l'artiste en assimilant son libre arbitre à la division monotone du temps musical.

§ 4.

DES AGRÉMENTS DU CHANT.

De même que les poètes ornent leurs pensées de tous les charmes du langage, en employant tour à tour des mots sonores, des épithètes âpres ou caressantes, suivant le sujet qu'ils veulent décrire, de même les compositeurs ornent la mélodie (qui est la poésie musicale) en l'embellissant de certaines notes auxquelles on donne, pour cette raison, le nom générique d'*agréments du chant.*

Ces notes sont au nombre de onze espèces différentes ; en voici la nomenclature :

1° **Notes de goût simples.**
2° **Portamento.**
3° **Appoggiatura.**
4° **Mordente.**
5° **Piqué.**
6° **Groupetto.**
7° **Fioritures.**
8° **Roulade.**
9° **Trille.**
10° **Cadenza.**
11° **Point-d'orgue.**

La *note de goût* est une petite note que l'on place supérieurement ou inférieurement à la note mélodique. On peut faire de suite plusieurs notes de goût.

Le *portamento* est aussi une espèce de petite note de goût qui précède la note mélodique, mais à un degré de quinte ou de sixte supérieure ou inférieure.

Cet agrément du chant, fort en faveur vers 1770, est totalement abandonné de nos jours.

L'*appoggiatura* (de l'italien, *appuyée*) est une note de goût qu'on représente indifféremment, soit par une petite note, soit par une note ayant une valeur réelle dans la mesure. Elle revêt différentes formes; ainsi que son nom l'indique, elle doit s'appuyer sur la note mélodique, c'est-à-dire la précéder toujours d'un degré supérieur ou inférieur, et, en l'exécutant, on doit lui donner une valeur de durée plus grande que celle de la note réelle.

Exemple de différents appoggiatures.

En petites notes.

En notes réelles.

NOTA. Les notes appoggiatures sont indiquées par une petite croix.

Le *mordente* est une espèce de petit tremblement que l'on fait subir à la note affectée de ce signe ⌇⌇. Pour produire le mordente, il faut articuler l'intervalle de seconde supérieure ou inférieure à la note marqué du signe ⌇⌇.

Le *piqué* est un signe de cette forme (') qui, placé au-dessus des notes, indique qu'elles doivent être détachées les unes des autres en les attaquant avec une certaine inflexion sèche et rigoureuse.

Le *groupetto* est un assemblage de petites notes de goût, au nombre de trois au moins, et précédant presque toujours la note mélodique. Quelquefois le groupetto s'écrit en notes réelles, et souvent aussi il précède la note appoggiature. On l'indique aussi par ce signe ∾, que l'on surmonte de signes accidentels nécessaires suivant les modes et tons dans lesquels le groupetto est employé. Exemple :

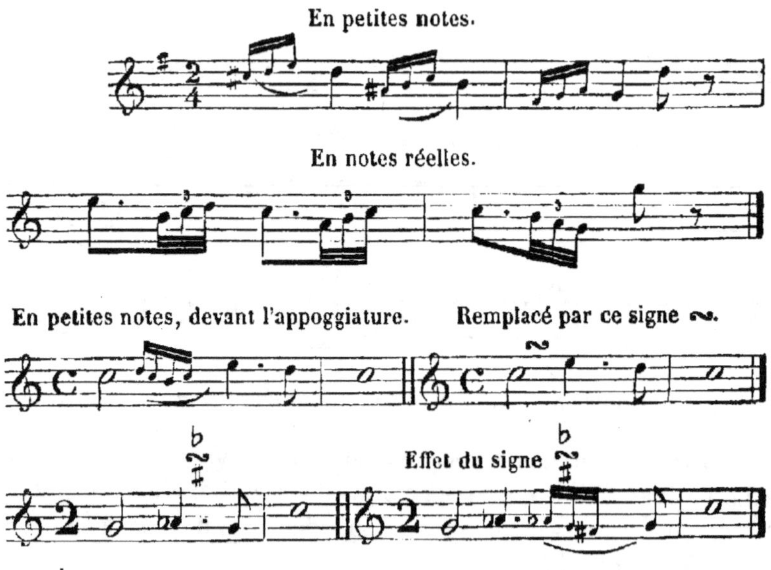

Le ♭ est pour le *la*, et le ♯ pour le *fa* du groupetto.

Les *fioritures* comprennent toutes espèces de broderies, gammes diatoniques, chromatiques, etc., soit écrites en petites ou en grosses notes réelles. Exemple :

La *roulade* est une espèce de trait vocal en notes brèves, et sous lesquelles une même et seule syllabe parcourt une certaine étendue de notes diatoniques, disjointes, et même quelquefois chromatiques. Exemple :

Le *trille*, qui s'indique par cette abréviation (*tr*), est un petit battement de seconde qui se fait supérieurement ou inférieurement à la note sur laquelle il est indiqué. La note trillée est toujours précédée d'une petite note de goût. Exemple :

Si la première des deux petites notes qui suivent la note trillée lui est inférieure, il faut faire le trille inférieurement ; *et vice versa,* dans le cas contraire.

La *cadenza* est une espèce de trille prolongé qui se bat de la même manière que le trille, mais doit être commencé lentement, en ayant soin de lui donner un mouvement accéléré d'une grande progression d'articulation et de sonorité. On fait la cadence sur une note longue que l'on surmonte de l'abréviation (*tr*), et qui toujours est suivie de deux petites notes de goût, dont la position supérieure ou inférieure de la première indique sur quel degré on doit perler la cadence.

Remarquez que la troisième avant-dernière note de la cadence est toujours un peu plus longue que les deux autres notes finales qui la suivent.

Le *point-d'orgue* est, en quelque sorte, un résumé des principaux agréments du chant ; ainsi les fioritures, la roulade, le mordente, le trille, la gamme chromatique et la cadence peuvent concourir à former un point-d'orgue très brillant. C'est, du reste, au bon goût du chanteur à savoir choisir avec discernement les fleurs mélodiques qui doivent former cette espèce de bouquet musical.

Observons, en outre, que le *point-d'orgue*, ainsi appelé parce que les organistes d'autrefois faisaient un point ou repos analogue vers la note finale des pièces spéciales pour leur instrument, exige aussi, dans la musique moderne, que la mesure soit suspendue pendant toute la durée de son exécution ; elle n'est complétée et reprise que pour conclure. Avant de faire la succession d'agréments du chant dont nous avons parlé, on fait ordinairement un repos sur une note longue, que l'on surmonte de ce signe ⌢ indicateur du point-d'orgue ; et lorsque les mots *ad libitum* sont placés au-dessus du point-d'orgue, écrit toujours en petites notes par l'auteur, ils indiquent au chanteur ou à l'exécutant qu'il est libre de changer le point-d'orgue, et même de passer outre. Exemple :

Les deux dernières croches pointées et doubles-croches complètent la mesure du point-d'orgue. On a dû remarquer aussi que de petits points-d'orgue sont placés dans le courant du grand point-d'orgue lui-même. Ces points prennent aussi le nom de *points d'arrêt* ou *de repos* ; plus loin, il en sera parlé avec quelques détails.

Enfin, quelques auteurs lyriques, et M. Meyerbeer entre autres, ont écrit des points-d'orgue à deux voix, produisant un effet ravissant. L'exécution de ces sortes de fioritures concertantes, exigeant une grande précision d'ensemble, ne doit être tentée qu'après avoir fait des études spéciales sur ce sujet.

§ 5.

DES VOIX INTERMÉDIAIRES ENTRE LES TROIS VOIX PRINCIPALES.

Le SOPRANO (voix d'enfants ou de femmes) a pour intermédiaires avec le ténor (voix d'adolescents et d'hommes faits) le SECOND SOPRANO et le CONTRALTO. La première de ces deux voix intermédiaires s'écrit, soit sur la clef d'*ut* première ligne, soit sur la clef de *sol* seconde ligne ; la seconde s'écrit ordinairement sur la clef d'*ut* troisième ligne.

Le TÉNOR a pour intermédiaires avec la basse (autre grave espèce de voix d'hommes faits) le SECOND TÉNOR et le BARYTON.

Le second ténor s'écrit, comme le premier, sur la clef d'*ut* quatrième ligne ; le baryton s'écrit sur la clef de *fa* quatrième ligne, ainsi que la voix de basse, avec laquelle, dans les cordes hautes surtout, il a beaucoup d'analogie.

Voici l'étendue des quatre voix intermédiaires :

---

(1) Autrefois, on donnait aussi à cette voix le nom de HAUTE-CONTRE, lorsqu'elle était possédée par des hommes. Cette voix est presque perdue aujourd'hui.

Les voix intermédiaires sont les plus communes, excepté pourtant celle de contralto qui devient plus rare chaque jour.

§ 6.

DE LA SYNCOPE ET DU POINT D'ARRÊT.

Une syncope est une note sur laquelle on appuie forcément, parce qu'elle tient par chacune de ses extrémités au temps faible et au temps fort de la mesure[1], de sorte que la note syncopée semble être *tiraillée* en sens contraire. On fait des syncopes avec toutes sortes de figures de notes, suivant surtout le mouvement du morceau de musique dans lequel on les emploie.

On place toujours la note syncopée, n'importe quelle soit sa valeur dans la mesure, après une note moindre de moitié, ou un signe de silence équivalant à cette même note.

Le point d'arrêt, qui se figure ainsi que le point d'orgue ⌒, indique, lorsqu'il est placé sur une note, que l'on doit la tenir au moins *trois fois* plus long-temps que sa figure ne l'exige relativement au mouvement du morceau de musique. Placé sur n'importe quelle espèce de silence, il le met dans la même condition que s'il était sur une note; c'est-à-dire que l'exécutant doit faire un repos trois fois aussi long que la figure de silence a de valeur.

Exemple d'un point d'arrêt sur une note :

Exemple d'un point d'arrêt sur un silence de soupir :

§ 7.

DE LA TRANSPOSITION MUSICALE.

Au moyen du changement ingénieux de la clef, écrite en tête d'un morceau, en une autre clef fictivement posée à sa place, on obtient la *transposition* du ton lorsqu'il est écrit ou trop haut ou trop bas pour la voix. Quelquefois, il suffit de changer un ton diésé en son synonyme bémolisé (comme *si* ♯ majeur en *si* ♭ majeur) pour obtenir une transposition qui, quoique n'exigeant pas le changement de la clef, peut-être d'un secours très efficace.

Dans certains tons transposés, les signes accidentels changent souvent de figure; c'est-à-dire que le dièse devient bécarre, le bécarre, bémol, et à ce dernier, dièse. Un exercice journalier, la lecture d'ouvrages encore très rares sur ce sujet, et surtout la connaissance parfaite des clefs à toutes leurs positions, mettront bientôt le lecteur à même de transposer toute espèce de musique.

Voici, pour montrer avec quelle intelligence les clefs ont été imaginées à toutes leurs positions différentes, une gamme dont chaque degré est écrit sur la même ligne. Notée en octaves pour le piano-forté, cette gamme servira de memento et de guide pour toute espèce de transposition à venir.

Ce tableau devra être transposé dans tous les autres tons de la gamme; et, pour joindre la pratique à la théorie, nous conseillons à nos lecteurs de transcrire, en les transposant, des morceaux peu compliqués d'abord, afin de parvenir, avec un peu de travail, à transposer ensuite, à la simple lecture, les compositions les plus difficiles.

Ajoutons aussi que lorsque l'on transpose, par exemple, un air de soprano en clef de basse, il ne faut pas exécuter dans le diapason (ou l'étendue) de cette voix grave le morceau transposé. Il en sera de même à l'égard d'un air de basse transposé en clef de soprano.

§ 8.

DE LA RESPIRATION, DE L'ACCENT ET DE L'EXPRESSION EN CHANTANT.

L'art de respirer ne s'acquière en chantant qu'après un certain temps d'étude.

Quelquefois, les silences viennent donner à propos aux chanteurs la possibilité de respirer; mais quelquefois aussi la mélodie est écrite tout d'un trait et sans interruption aucune. C'est donc à l'artiste de savoir suppléer aux silences nécessaires pour respirer sans interrompre la mesure, ni se faire remarquer des auditeurs.

Voici quelques règles à suivre en pareil cas :

1° Ne jamais respirer au milieu d'une phrase musicale, ni couper en deux les mots de la poésie chantée.

2° Prendre au petit temps sur la valeur d'une note longue pour respirer, *in petto*, lorsqu'aucun silence n'est indiqué.

3° Respirer d'avance une assez grande quantité d'air dont, du reste, on proportionne le volume à la durée du passage que l'on doit chanter, sans reprendre haleine.

Enfin, 4° respirer en faisant un petit repos avant la note pénultième d'une phrase véhémente et ascendante par sa forme. Si la note sur laquelle se fait le repos est d'une valeur assez longue, on use pour elle tout l'air introduit dans les poumons. Cette sorte d'émission de son produit toujours un effet extraordinaire lorsque le chanteur possède une belle et vibrante voix.

Quelques professeurs de chant ont imaginé d'indiquer par des virgules, jalonnées le long des phrases musicales, les points où l'on doit respirer. — Cette méthode, bonne en elle-même, ne peut être suivie que par les personnes qui ont les poumons de la même dimension que ceux des compositeurs eux-mêmes; car ces derniers, en indiquant les points respiratoires, n'ont pu le faire que d'après leur propre organisation physique. Nous pensons que chaque chanteur doit respirer comme il le peut, en ayant soin pourtant de se régler d'après les principes généraux et non systématiques exposés précédemment.

L'ACCENT est le degré de force ou de faiblesse que l'on donne à telle note plutôt qu'à telle autre. Ordinairement, la note *accentuée* est surmontée de ce petit signe, lorsqu'elle doit décroître en sonorité : ⟍ Si, au contraire, l'accent doit être gradué en force, on retourne le même signe ⟋. Quelquefois, ainsi que cela a été déjà présenté plus haut, on réunit les deux signes ⟨⟩ sur une seule et même note.

L'EXPRESSION MUSICALE, comme tous les autres dons de l'organisation individuelle des hommes, existe d'avance dans l'ame de certaines personnes privilégiées. L'étude de belles mélodies, leur audition, le contact fréquent avec de grands artistes, tout concourt à développer ce précieux sentiment que la lecture de bonnes méthodes, les conseils des meilleurs professeurs ne peuvent donner. Le véritable artiste, celui qui possède l'expression musicale, sait ce qu'il doit faire ou ce qu'il doit éviter pour produire des effets ravissants, pour fondre avec charme les sons mélodiques les uns dans les autres, de manière à ce que l'oreille la plus délicate ne puisse distinguer les soudures sonores qui enchâssent les belles cordes d'une voix comme autant de rubis flamboyants. Quelquefois, un mauvais choix de musique, soit inchantable, soit hors des limites de la voix que l'on possède, ainsi que l'audition de mélodies triviales ou décolorées, ont gâté le bon goût natif de chanteurs qui, mieux dirigés, eussent pu devenir des modèles d'expression musicale.

C'est donc aux personnes chargées de l'éducation complète des jeunes sujets, à mettre tout le soin et le discernement possible dans le choix d'un professeur de musique, et surtout dans celui de la musique qu'ils devront étudier. Enfin, il faut ménager l'oreille musicale des enfants avec presque autant de sollicitude que l'on éloigne de leur cœur toute sensation qui pourrait le porter à devenir vicieux : car, Shakspeare a dit avec beaucoup de vérité que tout homme qui n'aime pas la musique est incapable d'éprouver des sentiments d'amour, de générosité. — Il lui manque un sens!...

§ 9.

DE LA VOCALISATION.

On appelle ainsi l'action de chanter les notes sur une syllabe ou une voyelle ouverte, au lieu de prononcer leur nom, ainsi que cela se pratique lorsque l'on *solfie.*

Quelques professeurs font *vocaliser* leurs élèves sur la syllabe LA. Cette méthode est vicieuse, à cause de l'emploi de la consonne L qui, faisant porter la langue vers le voile du palais, nuit à la sonorité des notes. Nous pensons, d'après les meilleurs autorités musicales, que la vocalisation est plus pure lorsqu'elle est faite avec le monosyllabe AH, ou la voyelle A toute seule. Beaucoup d'ouvrages dûs à la plume savante de nos plus grands chanteurs, traitent de la vocalisation avec des développements que le cadre étroit de ce solfége ne nous a pas permis d'imiter. Cependant, afin de donner aux élèves un avant-goût de l'art si difficile de la vocalisation, nous terminerons notre petit livre par trois vocalises caractéristiques, à deux voix égales ou dissemblables.

OBSERVATION,

La première des trois vocalises, qui closent cet ouvrage, est d'un caractère religieux; elle doit être chantée avec une expression calme. La seconde présente au lecteur un fragment de musique dramatique; on dira le récitatif avec franchise, et le duetto final devra être chantée légèrement. Enfin, la troisième et dernière de ces vocalises initie au genre moins élevé de la musique de salon; genre, qui pourtant, peut imiter tour à tour des styles si dissemblables de Chapelle et de Théâtre.

C'est sur la voyelle A que ces vocalises doivent être chantées; et l'on ne répétera qu'une fois cette lettre si plusieurs notes sont liées par un coulé.

PREMIÈRE VOCALISE. — GENRE RELIGIEUX.

dim.
cresc.
cresc.
cresc.
f
f
p
f
f
p
f
p

p
ritenuto
1° tempo
ritenuto
1° tempo
colla voce
1° tempo
7

crescen - - - do

DEUXIÈME VOCALISE. — GENRE DRAMATIQUE.

N° 2.

SOPRANO 1°, ou TÉNOR.

SOPRANO 2°, ou BASSE.

PIANO.

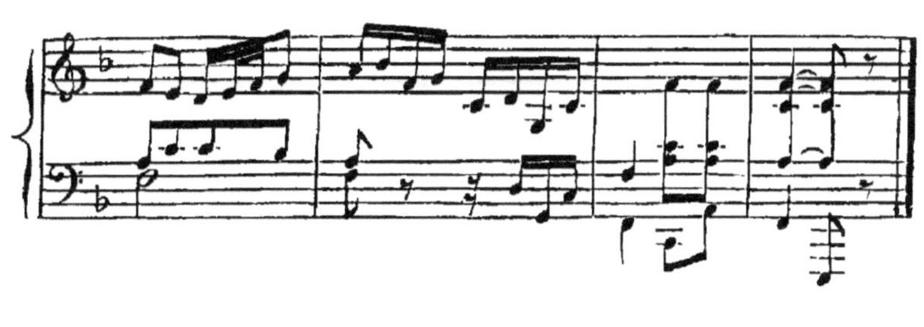

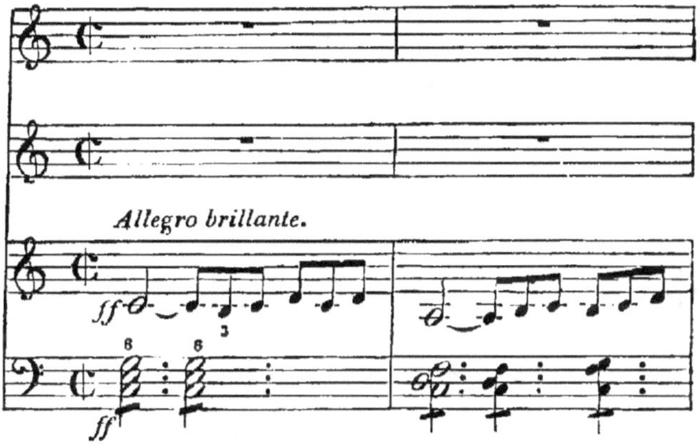

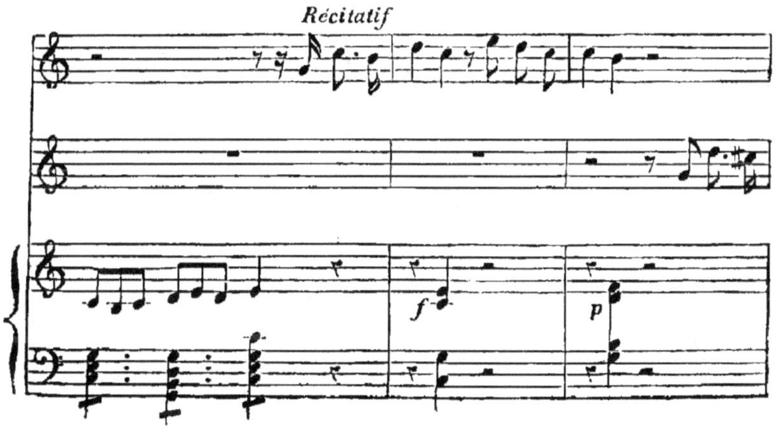

f
f
a piacere
Allegretto risoluto.
p

f
cresc.
cresc.
p
cresc.
f
p
cresc.
f
p
cresc.
f

f
dim.
cresc.
f
dim.
cresc.
f
dim.
accresc.
f >
dim.
f accresc.
f
f

cresc.
accresc.
cresc.
accresc.
f
p
f
p
f
p
f
f

TROISIÈME VOCALISE. — GENRE DE SALON.

1° tempo
p
1° tempo
p
f

§ 10 et dernier.

CONCLUSION.

Puissent les artistes en général et les amateurs, auxquels surtout nous avons destiné ce solfége, l'accueillir avec autant de bienveillance que nous avons mis de zèle à le rédiger, et nous serons assez dédommagé de la peine que nous avons prise en l'écrivant avec tout le soin dont nous sommes capable, lorsqu'il s'agit de répandre le goût de l'étude d'un art qui, entre tous, est le complément de toute bonne éducation.

FIN.

TABLE DES MATIÈRES.

PREMIÈRE PARTIE.

NOTIONS GÉNÉRALES.

SECONDE PARTIE.

NOTIONS PARTICULIÈRES, SUIVIES DES PRINCIPES ÉLÉMENTAIRES DE L'ART
DU CHANT.

FIN DE LA TABLE DES MATIÈRES.

Musique typographique
DE TANTENSTEIN ET CORDEL,
90, rue de la Harpe.

www.ingramcontent.com/pod-product-compliance
Lightning Source LLC
LaVergne TN
LVHW021856170726
843503LV00003B/1250